학원을 이기는
독학영어회화 1

지은이 박준영은 대학에서 영문학을 전공하였으며, 강남과 종로 등의 어학원에서 수년간의 강사 경험을 바탕으로 지금은 영어교재 전문기획 프리랜서로 활동하고 있으며 랭컴출판사의 편집위원으로서 영어 학습서 기획 및 저술 활동에 힘쓰고 있다.

SCAN HERE!
MP3 파일 본문 전체 무료 다운로드
www.lancom.co.kr / 랭컴(블로그)

학원을 이기는
독학영어회화 1

2025년 6월 10일 개정판 1쇄 인쇄
2025년 6월 15일 개정판 1쇄 발행

지은이 박준영
발행인 손건
편집기획 홍미경 김상배
마케팅 최관호
디자인 김선옥
제작 최승용
인쇄 선경프린테크

발행처 LanCom 랭컴
주소 서울시 영등포구 영신로34길 19
등록번호 제 312-2006-00060호
전화 02) 2636-0895
팩스 02) 2636-0896
홈페이지 www.lancom.co.kr

ⓒ 랭컴 2025
ISBN 979-11-7142-085-8　13740

이 책의 저작권은 저자에게 있습니다. 저자와 출판사의 허락없이
내용의 일부를 인용하거나 발췌하는 것을 금합니다.

10년 배워도 그대로인 영어회화 단숨에 업그레이드하기

학원을 이기는
독학 영어 회화 1

박준영 지음

독하게 배워서
독하게 써먹자!

현재의 영어는 영미인의 말일 뿐만 아니라 소위 국제어(International Language)로서의 역할을 감당하고 있습니다. 그 증거로 영미인이 한 사람도 참가하지 않은 국제회의에서 영어가 공통어로 사용되고 있는 것을 종종 확인할 수 있는데요. 이와 같이 너무나 중요한 언어가 되어 버린 영어를 능숙하게 말하는 건 21세기를 살아가는 우리들에게 꼭 필요한 것이 되어버렸습니다.

수많은 매체들을 통해 영단어와 회화를 접하고, 겹겹이 쌓여가는 책들이 나의 영어 실력을 말해주기라도 하는 것 같아 새로운 책이 나올라치면 누구보다 먼저 서점으로 달려가기도 하지만 이내 한두 페이지 넘기고는 포기하기가 일쑤인 영어공부는 언제나 큰 과제입니다.

왜 그럴까요? 아마도 영어라는 언어가 가지고 있는 특별한 무언가가 있는 걸까요?

때때로 영어회화는 학교에서 배운 영어, 읽고 쓸 때의 영어와는 다른 특별한 기술이 필요한 것이 아닌가 하고 생각하는 사람들이 있습니다. 말이라는 것이 원래 음성을 사용해 서로의 의사를 전달하는 수단이므로 회화는 언어의 본질이고, 음악에 쓰이는 악보처럼 회화를 기록해 두기 위해 생각해낸 것이 문자입니다. 우리들이 생활하고 있는 문명사회에서는 문자에 의한 전달이 차지하는 비율이 꽤 많기 때문에 문자 언어와 회화 언어가 서로 달리 존재하는 것이 아닌가 하는 착각에 빠지기 쉽지만, 음성언어 즉 회화가 말의 본질인 점은 조금도 변함이 없습니다. 단지 상당히 오랜 기간이 지나오면서 관용적 표현이나 문장의 길이 등의 문체적인 면에서 문법과 회화 사이에 다소 차이가 생겨난 것일 뿐입니다.

이 점을 포함해 회화를 위한 언어의 특징을 들어보면

1) 음성만을 수단으로 한다.
2) 따라서 순간적인 말 또는 동작에 의한 응답이 요구된다.
3) 회화 특유의 관용 표현이 쓰인다.

라는 것이 생깁니다.

위와 같은 특징에 대비해 회화를 공부하려면 듣는 훈련과 발음 훈련이 가장 중요하고, 머릿속에서 번역할 여유가 없이 무의식중에도 영어가 입 밖으로 튀어 나올 수 있도록 문형을 확실히 외우고 반복 훈련을 해두어야 합니다.

이와 같은 것은 다른 외국어를 배울 때에도 가장 먼저 해두어야 하는 것으로, 이런 훈련들을 통해 문자에 의한 독서력과 작문의 증진에도 도움을 얻을 수 있습니다.

이 책은 이런 취지를 실현하기 위해 구성에도 특별한 연구를 했으므로 잘 활용하기 위해서 반드시 '이 책의 특징'을 확인해 주세요.

여러분의 영어 실력 향상에 조금이라도 도움이 되기를 희망합니다.

이 책은 영어회화를 처음부터 제대로 배우고 싶은 학생들과 배운지 오래되어 회화의 감각을 잃어버린 성인들에게 쉽고 정확하게 영어회화의 기본기를 잡아주기 위해 만들어진 책입니다.

: 이 책의 특징 :

● Unit 1권은 총 28개의 Unit으로 구성되어 있으며 일상생활에 가장 기본적으로 쓰이는 회화 표현은 물론, 어법적인 회화 표현으로 영어회화의 기본틀을 완벽하게 다질 수 있도록 하였습니다.

● Basic Expressions 각 Unit의 중심이 되는 내용들로, 학습 후 다른 것은 잊어버리더라도 이 표현들만은 꼭 알아두어야 하는 문형이나 표현입니다.

● Know This 간단한 대화문을 통해 그에 관련된 어법과 패턴 등 강의식 해설을 두어 보다 쉽게 영어회화의 기본을 다질 수 있도록 하였으므로 강의를 듣지 않고도 얼마든지 혼자서 회화를 배울 수 있습니다.

● Dialogue 실제 대화에 적용할 수 있도록 Basic Expressions와 표현해설에 언급된 영어회화를 반복되도록 구성한 자연스런 대화입니다.

● Exercise 각 Unit의 내용을 잘 파악했다면 어렵지 않게 대화문 또는 단문에서 요구한 회화를 완성할 수 있습니다. Exercise를 통해 공부한 내용을 확인해보세요. 외국어 학습에는 반복연습이 무엇보다 중요합니다.

● Column 말은 문화의 산물이므로 말의 진정한 의미와 사용법을 알기 위해서는 그 배경인 사회 배경을 알아야 합니다. Column은 영어 사회의 관습 속에 살아 있는 생생한 말을 깊이 있게 공부할 수 있도록 여러분을 도울 것입니다.

● MP3 파일 이 책은 네이티브 스피커가 일반적인 대화의 속도로 본문의 전 내용을 녹음한 MP3용 파일을 www.lancom.co.kr에서 제공하고 있어 독자 여러분들이 듣고 말하기에 많은 도움이 될 것입니다. 그리고 각 Unit마다 QR코드가 있어 즉석에서 원어민의 발음을 확인할 수 있습니다.

Contents

Unit 01	일상적으로 인사할 때	10
Unit 02	첫 만남과 소개할 때	18
Unit 03	근황을 물을 때	26
Unit 04	말을 걸 때	34
Unit 05	허락을 요구할 때	42
Unit 06	부탁이나 요구할 때	50
Unit 07	다시 말해 달라고 할 때	58
Unit 08	감상을 물을 때	66
Unit 09	형편을 물을 때	74
Unit 10	기호와 취미를 물을 때	82
Unit 11	고마움을 나타낼 때	90
Unit 12	미안함을 나타낼 때	98
Unit 13	응답할 때	106
Unit 14	주변의 화제로 말을 걸 때	114

Unit 15	작별인사를 할 때	122
Unit 16	만나서 인사를 주고받을 때	130
Unit 17	간단한 의문을 나타낼 때	138
Unit 18	활기차게 대화할 때	146
Unit 19	날짜와 시간을 말할 때	154
Unit 20	장소를 말할 때	162
Unit 21	권유할 때	170
Unit 22	제안·조언할 때	178
Unit 23	찬성·반대할 때	186
Unit 24	화제를 바꿀 때	194
Unit 25	기쁨·만족을 나타낼 때	202
Unit 26	감동을 나타낼 때	210
Unit 27	도움이나 부탁을 청할 때	218
Unit 28	근심이나 걱정을 나타낼 때	226

Unit

학습일

일상적으로 인사할 때

세상 어디를 가나 모든 인간관계는 인사로 시작해서 인사로 끝납니다. 인사 정도야 쉽다고요? 모르시는 말씀! 사실 인사는 굉장히 중요한 예절입니다. 나라마다 인사하는 방식에 차이가 있기 때문에 주의해야 할 점도 꽤 많습니다. 예를 들면, 우리나라에서는 길에서 아는 사람을 만나면 흔히 "어디 가세요?"하고 묻는 게 인사지만 영어권에서는 **Where are you going?**하고 물으면 일종의 사생활 침해거든요! 게다가 **Why?**(왜 가세요?)까지 묻는다면 완전 실례!

날마다 쓰는 베스트 기본문장 따라 읽기

Step 1 : 원어민 음성 무작정 듣기 **step 2** : 크게 소리내어 따라 읽기 **step 3** : 문장의 뜻 확인하며 다시 읽기 **step 4** : 혼자서 문장 읽어보기

001 안녕. 〈아침 인사〉

Good morning.

002 안녕. 〈점심 인사〉

Good afternoon.

003 안녕. 〈저녁 인사〉

Good evening.

004 잘 자. 〈밤에 헤어질 때 인사〉

Good night.

005 아, 안녕, 보니.

Oh, Hello, Bonnie.

006 안녕, 잘 지내니?

Hi, how are you?

007 응, 잘 지내. 넌 어때?

I'm fine, thank you, and you?

이것만은 꼭 알아두자!

안녕하세요. 〈아침 인사〉

> ## Good morning.
>
> A: **Good morning.**
> 안녕하세요.
>
> B: **Good morning.**
> 안녕하세요.
>
> A: **I'd like to mail this letter to Denver.**
> 이 편지를 덴버로 보내고 싶습니다.
>
> B: **All right.**
> 알겠습니다.

서양인은 서로 알든 모르든 만나면 자주 인사를 나눕니다. 상점의 점원이 말하는 Good morning.이나 Good afternoon.의 인사는 '어서 오십시오.'라는 의미입니다. Good morning.이나 Good evening.은 오전과 저녁에 만났을 때의 인사로, 보통 말끝을 내려서 말하고, 오전 중에는 Good morning. 오후부터 저녁까지는 Good afternoon. 저녁 이후는 Good evening.을 사용합니다. Good night.은 밤에 헤어질 때의 인사입니다.

안녕하세요.

> ## Hi. / Hello.
>
> A: **Oh, Hello, Bonnie.**
> 아, 안녕, 보니.
>
> B: **Hi, how are you?**
> 안녕, 잘 지내니?
>
> A: **I'm fine. And you?**
> 응, 잘 지내. 넌 어때?

KNOW THIS!

Hi.와 Hello.는 일상의 인사로 자주 쓰이고 있습니다. Hi.보다 Hello.가 약간 정중한 표현으로 처음 만나는 사람이나 알고 지내온 사람에게 가볍게 할 수 있는 인사입니다. 또한 Hi there.와 Hello there.는 '안녕하세요.'라는 가벼운 인사로, 이때의 there에 특별한 의미는 없습니다. Hello.는 전화에서는 '여보세요.'라는 의미로 쓰입니다.

회화에 꼭 필요한 표현

- **Go ahead.** 먼저 하세요.
- **After you.** 먼저 하세요.
- **Ladies first.** 여자분 먼저.
- **Bless you.** 몸조심하세요. 〈상대가 재채기를 했을 때〉
- **Excuse me.** 실례하겠습니다. 〈다른 사람 앞을 지나갈 때〉
- **I'll get off.** 내리겠습니다. 〈엘리베이터 등에서〉

Go ahead.와 After you.는 같은 의미로 쓰입니다. 전화 교환원이 말하는 Go ahead.는 '통화하세요.'라는 의미입니다. 재채기를 한 상대에게 Bless you.라고 하는 것은 God bless you.의 god이 생략된 형태입니다.

대화를 들어볼까요?

→ 미라는 시청으로 가는 버스가 서는 정류장을 찾고 있다.

A : Good morning.

Mira : Good morning.

A : Do you speak English?

Mira : Yes, can I help you with something?

A : Yes, please.

I can't read this sign* in Korean.

Does this bus go to City Hall?

Mira : No, it doesn't. Your bus stop* is over there.

Can you see sign No. 3?

A : Oh, I see. No. 3.

Thank you.

Mira : Not at all*.

sign 표시, 게시, 간판 **bus stop** 버스 정류장 (장거리버스의 승강장은 depot이라고 합니다.)
Not at all. 천만에요. (Thank you.에 대한 대답으로 흔히 쓰입니다.)

DIALOGUE

A : 안녕하세요.

미라 : 안녕하세요.

A : 영어 할 줄 아세요?

미라 : 예, 무슨 도울 일이 있습니까?

A : 예, 그렇습니다. 한국어 안내판을 읽을 수 없어서요. 이 버스는 시청에 갑니까?

미라 : 아뇨, 가지 않습니다. 그 버스 정류장은 저쪽입니다. 3번 안내판이 보입니까?

A : 예, 보입니다. 3번이군요. 감사합니다.

미라 : 천만에요.

Can I help you (with something)? – '도와 드릴까요?' 상점의 점원은 '무얼 찾고 있습니까?, 어서 오세요.'라는 인사의 의미로 사용합니다.

빈칸을 채워보세요

→ 아침에 당신은 전철 안에서 친구를 만났다.

1 먼저 인사를 하자.

당신 : **Good** ① _____. **How are you today?**

안녕. 오늘 어떠니?

친구 : **Oh, hi. I'm fine, and you?**

아, 안녕. 좋아, 너는 어때?

당신 : **Good, thanks.**

좋아, 고마워.

2 친구가 갑자기 재채기를 했다.

친구 : ② _____

실례.

당신 : **Oh, bless you. Have you caught a cold?**

건강 조심해. 감기에 걸렸니?

친구 : **No, not at all. Thank you anyway.**

아니야. 어쨌든 고마워.

EXERCISE

3 당신이 내릴 역에 도착했는데 입구가 혼잡해서 내릴 수가 없다. 말을 걸어서 길을 열어보자.

당신 : **Excuse me. I'll** ③ _____ **off, please.**
실례지만, 내리겠습니다.

승객 : **Oh, sorry. Here you go.**
아, 미안합니다. 가세요.

COLUMN

★ 이름과 성

- 성   last name   영어권에서는 보통 성이 뒤에 오기 때문
       family name 가족의 이름이라는 의미로 글자 그대로 성
       surname   거주지, 직업, 개인적인 특징에서 성이 붙여지기 때문

- 이름 first name   last name에 대해서

이외에 세례명(**Christian name** 또는 **given name**), 중간 이름(**middle name**) 등이 있습니다. 영어권에서는 서로 이름을 부르는 것이 친밀감이 있다고 합니다. 따라서 언제나 성을 부르는 것은 서먹서먹하다고 받아들입니다. 미국에서는 두세 번 만나고 나선 **Please call me.**나 **May I call you?**라고 하고 이름을 부르는 사이로 발전합니다.

Answers
① **morning**   ② **Excuse me.**   ③ **get**

Unit 02

첫 만남과 소개할 때

처음 본 사람과 인사를 나눌 때는 무조건 **How do you do?**(처음 뵙겠습니다.)라고 말하는 것이 가장 무난합니다. 물론 대답할 때도 **How do you do?**라고 하면 깔끔합니다. 이어서 **Nice to meet you.**(만나서 반갑습니다.) / **I'm glad to meet you.**(만나서 반갑습니다.) / **I'm pleased to know you.**(알게 되어 기쁩니다)라는 표현을 살짝 덧붙이면서 자기 소개로 넘어가면 어느새 우리는 이미 아는 사이!

날마다 쓰는 베스트 기본문장 따라 읽기

Step 1 : 원어민 음성 무작정 듣기 > **step 2** : 크게 소리내어 따라 읽기 > **step 3** : 문장의 뜻 확인 하며 다시 읽기 > **step 4** : 혼자서 문장 읽어보기

008   처음 뵙겠습니다.

How do you do?

009   만나서 반갑습니다.

Nice to meet you.

010   저도 만나서 반갑습니다.

Nice to meet you, too.

011   뵙게 되어 기쁩니다.

I'm glad to meet you.

012   소개하고 싶은 사람이 있어요.

I want to introduce someone to you.

013   브래디 씨를 소개하겠습니다.

I'll introduce Mr. Brady to you.

014   당신을 뭐라고 부르면 좋겠어요?

What should I call you?

이것만은 꼭 알아두자!

친한 사이에서의 소개

This is ~.

A: **I want to introduce someone to you.**
소개하고 싶은 사람이 있어요.

This is Ms. Lee.
이쪽은 이 선생님입니다.

사람을 소개할 때의 표현입니다. 친한 사이에서는 This is ~.를 씁니다. 소개받은 사람은 '안녕하세요, 이 선생님.'이라고 대답하면 됩니다.

A: **I want you to meet someone.** 소개하고 싶은 사람이 있어요.
This is Mr. Kim. 이쪽은 미스터 김입니다.
B: **I'm Kim Namsu.** 김남수입니다.
But just call me Namsu. 남수라고 불러주세요.
What should I call you? 당신을 뭐라고 부르면 좋겠어요?

공식적인 소개

I'll introduce you to ~.

A: **I'll introduce Mr. Brady to you.**
브래디 씨를 소개하겠습니다.

Mr. Brady, I'd like you to meet Miss Kim just from Korea.
브래디 씨, 이쪽은 방금 한국에서 막 도착한 미스 김입니다.

B: **Nice to meet you.**
만나서 반갑습니다.

A: **Nice to meet you, too.**
저도 만나서 반갑습니다.

KNOW THIS!

I'll introduce ~ to you.는 '내가 당신에게 ~을 소개하겠습니다.'라는 의미로 소개할 사람을 ~에 넣어서 사용하면 됩니다. meet은 '만나다'라는 의미로 처음 만난 사람에게만 사용합니다. 이에 비해서 see는 안면이 있는 사람을 만났을 때에도 쓸 수 있습니다. Nice to see you.는 How nice to see you.의 줄임말입니다. Nice to meet you. 대신에 How do you do?라고 해도 좋습니다.

자기소개

I'm ~. / My name's ~.

A: **Hello. My name's Hunt.**
안녕하세요. 헌트입니다.

Edward Hunt.
에드워드 헌트입니다.

자기가 누구인지를 말할 때는 **I'm ~.**이나 **My name's ~.**(My name is의 축약)의 표현을 쓰지만 실제로는 **My name is ~.**를 많이 씁니다. 정중히 말하려면 **Let me introduce myself.**(저를 소개하겠습니다.)라는 표현도 쓸 수 있습니다. 자기를 소개할 때는 성과 이름을 모두 알려 주며 직업, 출신지 등을 덧붙이면 더욱 좋습니다.

- **I'm Lee Dongwoo from ABC Inc.**   ABC 사의 이동우입니다.

실제 회화에서는 **from**을 생략해서 다음과 같이 말합니다.

- **I'm Lee Dongwoo, ABC Inc.**

대화를 들어볼까요?

→ 미라는 잭과 선희를 서로에게 소개해 주고 있다.

Mira : Jack, I want you to meet someone.

Jack, This is Sunhee. She's my best friend.

Sunhee, this is Jack.

Jack : Hi, Sunhee. I'm Jack. Jack Kelly.

Sunhee : Hi.

Jack : How do you do?

Sunhee : How do you do?

Jack : It's nice to meet you.

Sunhee : Me too.

Mira : Sunhee, the Kellys* were my host family*.

Jack is staying in Korea for three months.

Sunhee : Oh, really?

the Kellys 켈리가 (the + ~ 가) **host family** 홈스테이의 가족
Sure. 물론 좋아요. / 그러세요. 〈구어〉

DIALOGUE

Jack : **Please just call me Jack.**

Sunhee : **O.K., Jack.**

Jack : **Can I call you Sunhee?**

Sunhee : **Sure*.**

미라 : 잭, 당신에게 소개하고 싶은 사람이 있어요. 이쪽은 친구인 선희에요. 그녀는 저의 제일 친한 친구에요. 선희, 이쪽은 잭이에요.
잭 : 안녕, 선희. 잭입니다. 잭 켈리입니다.
선희 : 안녕하세요.
잭 : 안녕하세요.
선희 : 안녕하세요.
잭 : 만나서 반갑습니다.
선희 : 저도요.
미라 : 선희, 켈리가는 내 호스트 패밀리였어요. 잭은 3개월 동안 한국에 머무를 거예요.
선희 : 그래요?
잭 : 잭이라고 불러주세요.
선희 : 좋아요, 잭.
잭 : 선희라고 불러도 됩니까?
선희 : 그러세요.

유학 등으로 해서 미라는 영어회화가 능숙하지만 선희는 영어가 서툴러서 최소한의 말밖에 할 수 없어요. 그렇지만 간단한 말이라도 적극적으로 대화를 해 보는 것이 회화를 잘하게 되는 비결이에요.

빈칸을 채워보세요

➡ 스미스 선생님께 김동우를, 김동우에게 스미스 선생님을 소개한다.

1 빈 칸속에 this is ~를 이용해서 소개 표현을 넣어보자. 소개 규칙을 정확히 지킬 것

민우 : **Mr. Smith, let me introduce a friend of mine, Mr. Kim.**

스미스 선생님, 친구인 미스터 김을 소개하겠습니다.

①

②

스미스 선생 : **How do you do, Mr. Kim?**

미스터 김, 처음 뵙겠습니다.

동우 : **How do you do, Mr. Smith? Nice to meet you.**

처음 뵙겠습니다. 스미스 선생님. 만나서 반갑습니다.

스미스 선생 : **Nice to meet you, too.**

저도 반갑습니다.

➡ 공항에서 현지 가이드가 당신을 찾아 왔다.

2 네모 속에 자기소개 표현을 넣어보자.

가이드 : **Excuse me, but are you** (당신의 **last name**)**?**

실례지만, (　　　) 씨입니까?

EXERCISE

당신 : **Yes, I am.**

그렇습니다.

가이드 : **Hi, I'm Mark Ryan from the ABC Tour Inc.**

ABC 관광의 마크 라이언입니다.

당신 : **Hi,** ③

안녕하세요. 저는 (   )입니다.

COLUMN

★ 소개의 규칙

(1) 여성과 남성이 있는 경우 남성에게 여성을 먼저 소개합니다.
(2) 연하인 사람을 연상의 사람에게 먼저 소개합니다.
(3) 사회적 지위를 고려할 때 지위가 낮은 사람을 높은 사람에게 먼저 소개합니다.

★ 인사

인사와 함께 악수를 할 경우가 많습니다. 악수에도 매너가 있습니다. 우선 왼손으로 악수를 해서는 절대 안 되며, 또한 손은 부드럽게, 너무 약하면 친근감이 약해 보이고 너무 강하면 장난한다고 생각할 지도 모르므로 주의해야 합니다.

소중한 사람과의 악수는 두 손으로 하면 친근감을 더욱 느끼게 합니다.

악수는 인사할 때뿐만 아니라 거래나 계약이 성립되었을 때에도 합니다. 다이아몬드 중개인들 사이에서는 계약서를 교환하지 않고 악수로 대신한다고 합니다.

Answers

① **Mr. Smith, this is Mr. Kim.**　② **Mr. Kim, this is Mr. Smith.**
③ **I'm ~. / My name is ~.**

Unit 03

학습일

근황을 물을 때

누군가를 만나 인사를 나누고 나면 자연스럽게 근황을 묻게 됩니다. **How are you? / How are you doing?**(잘 지내세요?) 또는 **How have you been?**(어떻게 지내셨어요?) 또는 **What's new?**(무슨 일 있어요?) 등등 상대에 따라 여러 가지 표현을 쓸 수 있습니다. 대답은 기분에 따라 달라지겠죠!! **Great. / Fine. / So so. / Not bad.** 당신의 대답은 무엇인가요?

날마다 쓰는 베스트 기본문장 따라 읽기

Step 1 : 원어민 음성 무작정 듣기 > **step 2** : 크게 소리내어 따라 읽기 > **step 3** : 문장의 뜻 확인 하며 다시 읽기 > **step 4** : 혼자서 문장 읽어보기

015　오랜만이군요.

It's been a long time.

016　다시 만나서 반갑습니다.

It's good to see you again.

017　그동안 어떻게 지내셨어요?

How have you been doing?

018　어떻게 지내니?

How are you doing?

019　잘 지내요. 당신은요?

I'm fine. And you?

020　오늘은 어떠세요?

How are you today?

021　그냥, 괜찮아요.

So so fine.

이것만은 꼭 알아두자!

다시 만나서 반갑습니다.

It's good to see you again.

A: **Hello, Jane, It's good to see you again.**
안녕하세요. 제인. 다시 만나서 기뻐요.

B: **Glad to see you, too.**
저도 반가워요.

'다시 만나서 반갑다.'라는 인사에는 이와 같이 **see**를 씁니다. **see**는 처음 만나는 사람에게도 쓸 수 있습니다. 이에 비해서 **meet**은 처음 만나는 경우에만 사용합니다. '다시 만났다'라는 의미인 **see you again**이라는 표현은 매우 영어다운 표현입니다. 이외에도 (How) Nice to see you again. / (I'm) Glad to see you again. / I'm happy to see you. 등 만나서 반갑다라는 표현이 있습니다. 아는 사람을 만났을 때의 인사로는 **Hello.**를 주로 씁니다. 이때 **Good morning.** 또는 **Good afternoon.** 같은 인사를 하면 부자연스러울 수도 있습니다.

오랜만이다.

It's been a long time.

A: **It's been a long time.**
오랜만이군요.

B: **Yes, I haven't seen you for ages.**
그래요. 정말 오랜만이군요.

A: **How long has it been since we met last?**
만난 지 얼마나 됐죠?

'오랜만이다.'는 It's[It has] been a long time.을 씁니다. 이것은 뒤에 **since I saw you**를 붙여서 **It's been a long time since I saw you.**라고도 합니다.

KNOW THIS!

현재형으로 It's a long time.으로 간단히 사용하는 것도 틀리다고는 할 수 없지만 그보다는 현재완료형을 쓰면 '오래간만이다.'라는 느낌이 강해지므로 일상회화에서는 현재완료형으로 자주 씁니다. 이외에도 Long time, no see. 등도 자주 쓰이는 인사입니다.

어떻게 지내십니까?

How are you?

A: **Hello, Sam. How are you today?**
안녕, 샘.　　오늘 어떠니?

B: **Hi, Charley. I'm fine. And you?**
안녕, 찰리. 좋아. 너는?

A: **Great.**
아주 좋아.

상대의 안부를 묻는 인사가 How are you?입니다. 이것은 아무 때나 쓸 수 있는 인사입니다. 이외에도 How are you doing?이나 How is everything?도 위와 같은 의미로 사용할 수 있는 표현입니다. 대답은 I'm fine.이 보통입니다. Great. (아주 좋아.) / So so fine. (그냥 괜찮아.) 등도 알아둡시다. And you? / What about you? / How about you? 등으로 상대방에게 되묻는 것도 잊지 맙시다.

대화를 들어볼까요?

→ 미라가 케이트를 우연히 만났다.

Mira : Hello, Kate.

Kate : Oh, hi!

It's good to see you again.

It's been a long time*.

Mira : Yes, I haven't seen you for a long time.

How have you been?

Kate : Just fine, thank you, and you?

Mira : Fine. What's new?

Kate : Oh, I quit* the editing job*.

Check Point

It's[It has] been a long time. 오랜만이다. (뒤에 since I saw you가 생략되어 있다.)
quit 그만두다 (과거형도 같다.)　**editing job** 편집 업무
work for ~에서 일하다, ~에 근무하다

DIALOGUE

Mira : **Really?**

What do you do now?

Kate : **I'm working for* an event company.**

How about you?

Mira : **Nothing's new with me.**

미라 : 안녕하세요, 케이트!
케이트 : 안녕! 다시 만나서 기뻐요. 오랜만이네요.
미라 : 예, 오랜만이지요. 잘 지냈어요?
케이트 : 예, 덕분에요. 당신은요?
미라 : 나도 잘 지냈어요. 무슨 일 있어요?
케이트 : 사실은 편집일 그만 뒀어요.
미라 : 그래요? 지금은 뭐 하세요?
케이트 : 이벤트 회사에서 일해요. 당신은요?
미라 : 나는 별다른 일 없어요.

우연히 아는 사람을 만났을 때 인사와 회화는 어떻게 하면 좋을까요? 알고 지내는 사이라면 격의 없는 평범한 말을 사용합니다.

빈칸을 채워보세요

→ 미라는 서점에서 우연히 중학 시절의 친구 마이크를 만났다.

미라 : Hi, Mike. It's good to ①_____ you again.

안녕, 마이크. 다시 만나게 돼서 기뻐요.

마이크 : Oh, Mira! Glad to see you again, too. ②_____ are you?

미라! 나도 다시 만나서 기뻐요. 어떻게 지내세요?

미라 : I'm fine, thank you. ③_____ you?

좋아요. 당신은 어떠세요?

마이크 : Great. It's been a long ④_____, hasn't it?

아주 좋아요. 오랜만이군요.

미라 : Yes, it has. It's been five years ⑤_____ I saw you at the graduation ceremony.

예, 졸업식 후니까 5년만이군요.

마이크 : That much? Time passes so fast.

그렇게 오래 됐어요? 시간이 참 빠르군요.

미라 : That's true.

맞아요.

EXERCISE

COLUMN

★ **영어의 어원**

영어도 우리말과 같이 '원어'와 '외래어'로 구성된 언어입니다. 원어는 앵글로 색슨 민족인 독일어계의 **Old English**입니다. 연구에 의하면 원어는 영어의 **20%**에 불과하다고 합니다. 이 원어를 제외한 나머지는 프랑스어, 라틴어로 되어 있습니다.

(1) 게르만계 (22%)

옛날영어	house, bread, hall, hand, fish, do, have, go, eat
옛날북구영어	egg, leg, husband, sky, skin, get, take, want, same, weak

(2) 라틴계 (50%)

옛날프랑스어	government, judge, people, dress, button, beauty
라틴어	compute, secure, fragile, legitimate, abbreviate

(3) 그리스계 (13%)

drama, theater, scene, tragedy, period, comma, logic, energy, system

(4) 기타 (15%)

이태리어	opera, piano, camera
아라비아어	alcohol, lemon, coffee

Answers

① see ② How ③ And, How about / What about ④ time ⑤ since

Unit 04

학습일

말을 걸 때

예나 지금이나 말을 걸 때는 날씨 얘기가 딱이지요. **Nice day, isn't it?**(날씨 좋죠?) 그러면 대부분 자연스럽게 대화가 이어집니다. 하지만 대화를 나누고 싶다고 굳이 요청할 때는 **Can I have a word with you?**(이야기 좀 할 수 있을까요?) / **Do you have time for me?**(시간 좀 내주실래요?)라고 합니다. 남들 사이에 어쩔 수 없이 끼어들어야 할 때도 살다보면 있게 마련! 그럴 땐 **May I interrupt you?**(잠깐 실례해도 될까요?)라고 센스 있게 한 마디!

Can I have a word with you?

날마다 쓰는 베스트 기본문장 따라 읽기

Step 1 : 원어민 음성 무작정 듣기
step 2 : 크게 소리내어 따라 읽기
step 3 : 문장의 뜻 확인하며 다시 읽기
step 4 : 혼자서 문장 읽어보기

022 실례합니다.

Excuse me.

023 실례지만, 이 선생님이세요?

Excuse me, but are you Mr. Lee?

024 이야기 좀 할 수 있을까요?

Can I have a word with you?

025 말씀 중에 잠깐 실례를 해도 될까요?

May I interrupt you?

026 여기는 처음인가요?

Are you new here?

027 영어 할 줄 아세요?

Can you speak English?

028 김 선생님이지요.

You must be Mr. Kim.

이것만은 꼭 알아두자!

잠깐 실례하겠습니다.

Excuse me. / Pardon me.

〈앞에 사람이 있어서 엘리베이터에서 내릴 수 없는 A 씨〉

A : **Excuse me.**
실례합니다.

B : **Oh, excuse me. I'll hold it. Please go ahead.**
아, 실례했습니다. 제가 누르지요. 지나가세요.

A : **Thank you.**
감사합니다.

모르는 사람에게 말을 걸 때에는 '잠깐 실례하겠습니다.'라는 의미로 Excuse me.나 Pardon me.를 사용합니다. 상대방의 성별이나 연령에 관계없이 사용할 수 있는 표현입니다. 여성이라면 Miss?, 남성이라면 Sir?나 Mr.?로 불러도 됩니다. 당연히 Miss는 미혼여성에게 사용하므로 미혼인지 기혼인지를 모를 경우에는 Ms.나 Ma'am을 사용하는 것이 좋습니다. 서로 친한 사이라면 Hey!를 사용할 수도 있지만 무례하게 느낄 수도 있으므로 사용하지 않는 것이 좋습니다.

~씨입니까?

Are you ~?

A : **Excuse me, but are you Mr. Lee?**
실례지만, 이 선생님입니까?

B : **Yes, I am.**
예, 그렇습니다.

A : **I'm Bob Anderson. Mr. Simpson sent me to pick you up.**
밥 앤더슨입니다. 심슨 씨 부탁으로 마중 나왔습니다.

B : **Thank you.**
감사합니다.

KNOW THIS!

우리말도 '실례지만, ….'이라고 하듯이 영어도 Excuse me, but ~.이라고 but을 붙여서 표현할 수 있습니다.

~씨 아닙니까?

> ### You are not ~?
>
> A: **Excuse me, but you are not the man sent to repair the copier?**
> 실례지만, 복사기를 수리하러 온 분이 아닙니까?
>
> B: **No, I think you have made a mistake.**
> 아뇨, 잘못 아신 것 같습니다.
>
> A: **Sorry.**
> 실례했습니다.
>
> B: **Not at all.**
> 천만에요.

'~씨 아닙니까? / ~씨 아닌지요?'라고 자신 없이 상대에게 말을 거는 경우에 You are not ~?을 씁니다. 이 경우는 단축형을 쓰지 않습니다. 이와는 반대로 상대가 틀림없다고 확신하고 있을 때는 You must be ~.를 씁니다.

A: **You must be Mr. Kim.**　　김 선생님이지요.
B: **Yes, that's right.**　　　　예, 맞습니다.

대화를 들어볼까요?

→ 식당에서 메뉴를 읽지 못해 어려워하는 외국인이 있다.

A : Excuse me.

B : Sorry, I'm in a hurry.

A : Pardon me, will you do me a favor?

Minho : Sure.

A : Do you speak English?

Minho : Yes, I do. What can I do for you?

A : I can't read this menu.

Could you tell me what this is?

Minho : Yes, that's the daily special*.

It's grilled* salmon with bean sauce soup, pickles* and rice.

Check Point

the daily special 오늘의 특별 메뉴, 오늘의 정식 (today's soup라고 하면 오늘의 수프)
grilled 구운, 직접 불에 구운 (석쇠에 구운 것도 grilled이다.)
pickles 피클 (야채를 소금 식초에 절인 것) **No problem.** 천만에요.

DIALOGUE

A : That sounds pretty good.

I think I'll try it. Thanks.

Minho : No problem*.

A : 실례합니다.
B : 미안하지만, 바쁩니다.
A : 실례지만, 부탁이 있습니다.
민호 : 예.
A : 영어를 할 줄 아십니까?
민호 : 예, 무슨 일이죠?
A : 메뉴를 읽을 수 없습니다. 이것은 무엇입니까?
민호 : 예, 그것은 오늘의 특별메뉴입니다. 구운 연어, 된장국, 피클과 밥입니다.
A : 맛있겠군요. 그것을 먹어 보겠습니다. 감사합니다.
민호 : 천만에요.

모르는 사람을 부를 때나 무슨 일을 부탁할 때는 먼저 **Excuse me**. / **Pardon me**.라고 하세요. 잊지 말아야 할 것은 상대방이 놀라지 않도록 부드럽게 말을 거는 것입니다.

빈칸을 채워보세요

→ 당신은 선희를 만나기로 되어 있다. 선희가 당신에게 미선이를 소개해 준다고 했다.

1 당신을 계속 바라보는 사람이 있다. 선희의 친구인지 모른다. 말을 걸어보자.

당신 : **Excuse me, but are ① _____ Kim Misun?**
실례지만 김미선 씨입니까?

상대 : **No, I am not.**
아닙니다.

당신 : **Oh, I'm sorry.**
죄송합니다.

2 말을 걸어오는 사람이 있다.

미선 : **Excuse me. You are ② _____ a friend of Sunhee's?**
실례지만 선희 씨의 친구입니까?

당신 : **Yes, that's right. You must be Misun.**
맞습니다. 미선 씨군요.

3 선희가 늦는다고 해서 먼저 식당에 가기로 했다.

당신 : **③ _____ us, please. Come on, this way.**
잠깐 실례합니다. 이쪽으로 오세요.

미선 : **Pardon me.**
실례합니다.

EXERCISE

COLUMN

★ 영어의 역사

영어는 시대에 따라 변화하고 있습니다. 유행어가 생기기도 하고 말 자체가 변하기도 하는 것은 우리말과 같습니다. 14세기까지의 영어는 현재의 영어와는 매우 다르고 학자가 아닌 다음에는 현재의 영미인도 이해할 수 없습니다.

17세기가 되어서 영국이 북미에 개척지를 만들기 시작했을 당시의 영어는 대략 지금의 영어와 비슷해졌습니다. 셰익스피어의 작품은 이 시기에 해당됩니다. 이 당시에 쓰인 성서의 예를 보면 다음과 같습니다.

Our Rather who art in heaven, hollowed be thy name.

이것을 현대영어로 고치면 다음과 같습니다.

Our God who is in heaven, holy is your name.

17세기부터 현재까지는 미국영어와 영국영어는 다른 방향으로 발전해 왔습니다. 토마스 제퍼슨이나 벤자민 프랭클린 등은 미국영어를 강하게 주장했습니다. 영국영어에는 없는 단어(**calculate**나 **belittle** 등)를 만들고 영국영어와는 다른 스펠링(**honour**가 **honor**, **theatre**가 **theater**)을 만들어 냈습니다.

또한 1828년에는 웹스터가 획기적인 사전 **An American Dictionary of the English Language**를 발행했습니다. 그때까지 미국국민이 사용하고 있던 것은 영국영어 사전이었습니다. 영국영어에는 없는 말, 발음, 스펠링을 개재한 이 사전은 마치 미국영어가 영국영어에 대해 독립을 선언한 것이라고 할 수 있습니다.

Answers

① **you**   ② **not**   ③ **Excuse**

Unit

허락을 요구할 때

허락을 구해야 하는 상황에서는 누구라도 신중해지게 마련입니다. 거절당할 수도 있다는 최악의 상황을 생각해야 하니까요. 일단 기본 문형은 **Can I ~? / May I ~?**(~해도 돼요?)입니다. 아주 정중하게 최대한 공손하게 표현하고 싶다면 **Would[Do] you mind ~?**(~해도 되겠습니까?) 구문을 씁니다. 단, **mind**가 '꺼리다, 싫어하다'라는 부정적인 의미를 갖고 있기 때문에 대답할 때는 부정의문문처럼 한다는 것! 잊지 마세요~

날마다 쓰는 베스트 기본문장 따라 읽기

Step 1 : 원어민 음성 무작정 듣기 > **step 2** : 크게 소리내어 따라 읽기 > **step 3** : 문장의 뜻 확인 하며 다시 읽기 > **step 4** : 혼자서 문장 읽어보기

029 이제 가도 될까요?

Can I go now?

030 여기에 주차해도 될까요?

May I park here?

031 화장실을 사용해도 될까요?

May I use the bathroom?

032 실례지만 문 좀 닫아주겠습니까?

Would you mind shutting the door?

033 괜찮아요.

No problem.

034 여기 앉아도 될까요?

Do you mind if I sit here?

035 예, 그러세요.

No, not at all.

이것만은 꼭 알아두자!

~해 주시겠습니까?

May I ~?

A: **May I have another glass of water, please?**
물 한 잔 더 주시겠습니까?

B: **Sure. Here you go.**
예, 여기 있습니다.

may에는 허가의 의미가 있어서 정중히 허가를 구하는 표현을 할 수 있습니다. 엄밀히 말하면 May I ~?는 손아랫사람이 손윗사람에게 허가를 요청하는 의미입니다. 대답할 때도 Yes, you may.라고 대답하면 손윗사람이 손아랫사람에게 허가하는 의미가 될 수 있으므로 보통은 Yes, please do.나 Yes, you can. 등으로 may를 사용하지 않고 대답합니다.

- **May I use this telephone?** 이 전화를 사용해도 됩니까?
- **May I have your attention, please?** 알려드립니다. 〈공공 장소에서의 방송〉

~해도 됩니까?

Can I ~?

A: **Can I park here?** 여기에 주차해도 됩니까?

B: **I don't think you should.** 하지 않는 게 좋겠습니다.

A: **Is there a parking lot around here?** 이 근처에 주차장은 있습니까?

B: **There is one at the park.** 공원에 있습니다.

Can I ~?도 허가를 구하는 표현입니다. can의 과거형인 could를 사용하면 정중한 표현이 됩니다. (과거를 나타내는 could이지만 의미는 현재입니다.)

- **Could I use the lady's room?** (여성용) 화장실을 사용해도 됩니까?

KNOW THIS!

can, could를 사용한 허가를 구하는 표현을 몇 가지 알아둡시다.

- **Do you think I could try that suit on?** 저 옷을 입어 봐도 됩니까?
- **I wonder if I could open the window.** 창문을 열어도 됩니까?

~해도 상관없습니까?

Do you mind if ~?

A: **Excuse me, is this seat taken?**
실례지만, 이 자리는 주인이 있습니까?

B: **No, I don't think so.**
아뇨, 없는 것 같습니다.

A: **Do you mind if I sit here?**
여기에 앉아도 됩니까?

B: **No, not at all.**
그러세요.

Do you mind if ~?는 '~해도 상관없습니까?'라는 표현입니다. if 뒤에는 문장이 오며, 친근한 사이에서는 do you를 생략하고 Mind if ~?라고만 해도 좋습니다. Would you mind ~?도 같은 의미로 더욱 정중한 표현이 됩니다. 대답은 허락하는 경우는 **No**, 허락하지 않는 경우는 **Yes**가 되므로 우리나라 사람들은 혼동하기 쉽습니다. 문법적으로 바르다고 할 수는 없지만 허락하는 경우 **Yes, certainly.**나 **Sure.** 또는 **Surely.**라고 할 수도 있습니다.

 대화를 들어볼까요?

→ 민호가 역에서 열차를 기다리는데 외국인이 말을 걸어 왔다.

A : Excuse me, is this seat taken*?

Minho : No, I don't think so.

A : Do you mind if I sit here?

Minho : Not at all.

A : Are we allowed to smoke here?

Minho : I'm afraid not.

This is a no-smoking area*.

A : Is there a smoking area around here?

Minho : There is one at the end of the platform*.

A : Thank you very much.

seat is taken 자리가 있는   **no-smoking area** 금연구역
platform 역의 플랫폼 (form이라고만 해서는 통하지 않는다.)

DIALOGUE

A : 실례지만, 여기 자리 있습니까?
민호 : 아뇨, 비어 있는 것 같습니다.
A : 앉아도 됩니까?
민호 : 예, 그러세요.
A : 여기에서 담배를 피울 수 있습니까?
민호 : 아뇨, 안됩니다. 여기는 금연구역이에요.
A : 이 근처에 흡연장소가 있습니까?
민호 : 플랫폼의 끝에 있어요.
A : 대단히 고맙습니다.

Do you mind if ~?의 질문에 대한 대답은 예와 아니오가 반대이므로 한국인에게는 혼동됩니다. **mind**는 '신경 쓰다'라는 의미이므로 **Yes**, ~.는 '(신경 쓰이므로) 삼가 주십시오.', **No**, ~.는 반대로 '(상관없으니까) 하세요.'입니다.

빈칸을 채워보세요

→ 친구 집에 저녁 식사 초대를 받았다.

1 목이 마르다. 물 한 컵을 부탁해보자.

당신 : ① _____ I have a glass of water? I feel very thirsty.

물 한 잔 주겠어? 목이 말라.

친구 : Sure.

그러지.

2 친구의 초등학교 졸업앨범을 발견했다. 보여 달라고 해보자.

당신 : Is this your album? ② _____ I see it, please?

네 앨범이니? 봐도 되니?

친구 : All right. But you will never recognize me in those photos.

좋아. 그런데 사진을 보고서는 누가 나인지를 모를 거야.

3 방이 좀 덥다고 생각하는데 친구가 창문을 열려고 하고 있다.

친구 : Do you ③ _____ if I open the window?

창문을 열어도 되니?

당신 : Not at all. It's kind of hot here.

그래. 여긴 좀 더운 것 같아.

EXERCISE

C O L U M N

★ 미국영어와 영국영어

(1) 스펠링이 다른 예

영국	미국	의미
colour	color	색
flavour	flavor	맛
favourite	favorite	가장 좋아하는
centre	center	중앙
tyre	tire	타이어

(2) 단어가 다른 예

영국	미국	의미
crisps	potato chips	포테이토 칩스
french fries	chips	프렌치 프라이
petrol	gas / gasoline	가솔린
lift	elevator	엘리베이터
rubbish	garbage	쓰레기

(3) 악센트 위치가 다른 예

- **advertisement** : 영국영어는 **ver**에, 미국영어는 **tise**에 악센트
- **garage** : 영국영어는 **ga**에, 미국영어는 **ra**에 악센트
- **magazine** : 영국영어는 **zine**에, 미국영어는 **ma**에 악센트

Answers
① **May / Can** ② **May / Can** ③ **mind**

Unit

학습일

부탁이나 요구할 때

부탁이나 요구도 당당하게! 무조건 명령문에 **Please**를 붙인다고 생각하면 가장 간단하고 쉽습니다. 조금 어려운 사이거나 잘 모르는 사람에게 부탁해야 할 때는 **Could you ~?** / **Would you ~?**(~해 주시겠어요?)를 앞에 붙여주면 아주 정중한 표현이 됩니다. 가까운 친구 사이라면 가볍게 **Will you ~?**(~해 줄래?) 정도!

날마다 쓰는 베스트 기본문장 따라 읽기

Step 1 : 원어민 음성 무작정 듣기 > **step 2** : 크게 소리내어 따라 읽기 > **step 3** : 문장의 뜻 확인 하며 다시 읽기 > **step 4** : 혼자서 문장 읽어보기

036   잠시 기다리세요.

Just a moment, please.

037   부탁 좀 들어줄래요?

May I ask you a favor?

038   이 책 좀 빌려 주세요.

Can you lend me this book?

039   부탁이 있습니다.

Would you do me a favor?

040   나중에 다시 전화해 주시겠어요?

Could you phone back later?

041   숙제 좀 도와줄래요?

Will you help me with my homework?

042   설거지 좀 해 줄래요?

Will you please do the dishes?

이것만은 꼭 알아두자!

부탁이 있습니다.

Will you do me a favor?

A: **Mr. White? Will you do me a favor?**
화이트 씨, 부탁이 있습니다.

B: **Certainly. What is it?**
예, 뭐죠?

A: **I'm planning to go to Boston. I'd like to know about it.**
보스턴에 가려는데 여러 가지 알고 싶습니다.

favor는 '대가를 기대하지 않는 친절한 행위'를 의미하는 말입니다. will을 과거형 would로 하면 더욱 정중한 표현이 됩니다.

- **Would you do a small favor for me, please?**
  좀 부탁드릴 것이 있습니다만, 괜찮겠습니까?

May[Can / Could] I ask you a favor?도 같은 의미로 사용됩니다.

- **May I ask you a favor? It'll be finished in one minute.**
  부탁이 있습니다. 잠깐이면 됩니다.

친하다면 Jim, I have a favor to ask you.(짐, 부탁이 있어.)라고 해도 좋습니다.

~해 주시겠습니까?

Can you ~? / Will you ~?

A: **Would you (please) make five copies of this report?**
이 보고서를 5부 복사해 주시겠습니까?

B: **I'd be glad to.**
예, 좋아요.

KNOW THIS!

Will you ~?나 Could you ~?는 같은 의뢰의 표현이지만 실제로는 각각 뉘앙스에 차이가 있습니다. 여기에서 정리해봅시다.

(1) **Will you lend me this book?**

가족이나 친한 친구들 간에 가볍게 부탁하는 경우에 사용합니다. 의뢰보다 '지시'의 뉘앙스 즉 '~해 줄 용의가 있어?'라는 의미가 들어 있는 표현입니다.

(2) **Would you lend me this book?**

would를 사용하고 있으므로 will보다는 정중한 표현이지만 will과 같이 '상대가 당연히 해 줄 것을 기대하는' 뉘앙스가 들어 있습니다.

(3) **Would you mind lending me this book?**

귀찮은 부탁이지만 상대가 들어줄 수 있는 부탁에 사용합니다. 정중한 표현이지만 would를 사용하고 있으므로 화자 중심의 의뢰 표현입니다.

(4) **Can you lend me this book?**

can의 사용으로 상대방의 뜻을 존중하는 뉘앙스가 있습니다. 위의 (1), (2), (3)보다 정중한 표현입니다. '당신은 ~할 수 있는 입장에 있습니까?'라고 상대방의 역할이 간접적으로 됩니다.

(5) **Could you lend me this book?**

can의 과거형 could로 더욱 정중한 표현이 되며, 어떤 상황에서도 쓸 수 있습니다.

(6) **I wonder if you could lend me this book.**

더욱 정중한 표현을 하고 싶을 때에는 이 표현을 씁니다. '당신이 들어줄지는 모르겠습니다만 ~.'이라는 의미입니다. **I was wondering if** ~.라고 과거진행형을 쓰면 더욱 정중한 표현이 됩니다.

대화를 들어볼까요?

→ 도서관에서 잭이 민호에게 말을 걸어왔다.

Jack : Minho, can I ask you something?

Minho : Sure.

Jack : Will you help me with my homework?

Minho : Your homework?

Jack : Yes, the deadline* is tomorrow.

Minho : What kind of homework is it?

Jack : A paper* on Toji.

Minho : Did you finish reading it?

Jack : I'm afraid not.

Minho : You're kidding.

Toji is really long!

Jack : I know!

deadline 마감, 납기   **paper** 학교 숙제 (report는 학술적인 보고서를 의미)

✓ 1 2 3 **DIALOGUE**

잭 : 민호, 부탁이 있어요.
민호 : 예.
잭 : 숙제를 좀 도와주겠어요?
민호 : 당신 숙제를요?
잭 : 예, 마감이 내일이에요.
민호 : 무슨 숙제죠?
잭 : '토지' 숙제에요.
민호 : 다 읽었어요?
잭 : 아직 다 못 읽었어요.
민호 : 농담이죠. '토지'는 정말 긴 이야기예요!
잭 : 알아요!

부탁할 때에는 친한 사이라도 반드시 정중한 표현을 사용하세요.
Will you ~? / **Would you** ~? / **Can you** ~? / **Could you** ~?는 같은 의미라도 미묘한 차이가 있습니다.

빈칸을 채워보세요

1 친한 친구에게 숙제를 도와달라고 부탁해보자.

당신 : ① _____ you help me with the homework, please?

숙제를 도와주겠니?

친구 : Sure. Let's do it together. It will be faster.

좋아, 같이 하자. 그게 더 빠를 거야.

2 선생님께 수업 중에 이해할 수 없던 문제의 설명을 부탁해보자.

당신 : Excuse me, Mr. Billings. ② _____ you please explain how to solve this question again? I could not really understand.

실례지만, 빌링스 선생님. 이 문제 푸는 법을 다시 한 번 설명해 주십시오. 정말 모르겠습니다.

교사 : Of course. Take a seat here, please.

좋아요. 여기에 앉으세요.

3 늦을 것 같아서 집에 전화했지만 부모님은 외출 중이다. 동생에게 전언을 부탁해보자.

당신 : Will you do me a ③ _____ ?

부탁이 있는데.

Please tell mom that I'll be late for dinner.

어머니께 저녁 식사에 늦는다고 전해 줘.

EXERCISE

동생 : **Sure. How late will you be?**

알겠어. 얼마나 늦는데?

당신 : **Just a little, I hope.**

조금 늦을 것 같아.

C|O|L|U|M|N

★ 단축형

회화에서는 단축형을 주로 씁니다.

(1) 인칭대명사 + (조)동사

I'm = I am, I've = I have, I'd = I would / I should / I had 등 'd는 여러 가지 단축형이 가능하므로 문맥에서 판단해야 하며, 's(is와 has)도 마찬가지입니다. It's 와 소유격인 its의 발음에 주의해야 하며, 또한 인칭대명사뿐만 아니라 사람을 나타 내는 명사 뒤에도 단축형을 쓸 수 있습니다. 예를 들면 **Peter's late.**(피터는 지각 이다.) 등이 있습니다.

(2) 조동사 + **not**

aren't = are not, can't = can not, don't = do not 등 I am not의 생략형은 I'm not이 보통이지만, 사람에 따라서는 I ain't라고 하기도 합니다. will not의 단축형 은 won't로 철자와 발음이 바뀌는 데 주의하고, may not은 mayn't형으로서는 존 재하지만 자주 쓰이지는 않습니다. shan't(= shall not)는 영국영어에서만 쓰이 고 미국영어에서는 쓰이지 않습니다. be, have, will, shall, would, should 등의 (조)동사는 2가지의 생략형이 있습니다.

She is not = She isn't와 She's not, He will not = He won't와 He'll not 등

(3) 기타

here's = here is, there's = there is / there has '지시대명사 + (조)동사'
where's = where is '의문사 + 동사'

Answers

① **Will / Would** 등 (친한 사이에서)   ② **Could** 등 (손윗사람이므로)   ③ **favor**

Unit 07

학습일

다시 말해 달라고 할 때

대화를 나눌 때 가장 중요한 것은 소통입니다. 말을 잘 하는 것보다 어쩌면 말을 잘 이해하는 것이 더 중요합니다. 상대의 말이 빠르거나 모르는 단어가 나오면 반드시 다시 물어보세요. 실례를 무릅쓰고, 창피를 무릅쓰고, 심하다 싶을 정도로 알아들을 때까지 **I beg your pardon? / Pardon?**(다시 말씀해 주시겠어요?)이라고 무한 반복!

날마다 쓰는 베스트 기본문장 따라 읽기

Step 1 : 원어민 음성 무작정 듣기
step 2 : 크게 소리내어 따라 읽기
step 3 : 문장의 뜻 확인하며 다시 읽기
step 4 : 혼자서 문장 읽어보기

043 뭐라고 하셨어요?

I beg your pardon?

044 뭐라고요?

Pardon?

045 뭐라고 하셨나요?

What did you say?

046 다시 한 번 말씀해 주실래요?

Could you say that again for me?

047 다른 말로 말씀해 주실래요?

Could you say it in other words?

048 미안하지만, 듣지 못했습니다.

I'm sorry, I couldn't hear you.

049 실례지만 '히터'는 무슨 뜻입니까?

Excuse me, what do you mean by "a heater"?

뭐라고 하셨어요?

I beg your pardon?

A: **Excuse me, sir. Do you have the time?**
실례합니다. 지금 몇 시입니까?

B: **I beg your pardon?**
뭐라고 하셨어요?

A: **I asked if you have the time.**
시간을 가르쳐 달라고 했습니다.

B: **Oh, yes. It's ten past seven.**
예. 7시 10분입니다.

I beg your pardon?은 '뭐라고 말씀하셨습니까? / 다시 한 번 말씀해 주십시오.'라는 표현입니다. 끝을 올려서 말해야 하며, 만약 끝을 내려서 말하면 '실례합니다.'라는 의미가 됩니다. Beg your pardon? 또는 Pardon? / Excuse me?도 되묻는 표현입니다. 모두 끝을 올려서 말합니다. 비슷한 표현에 Pardon me?가 있지만 이것은 다소 형식적인 표현입니다.

A: **Seventh floor, please.**   7층 부탁합니다.
B: **Pardon me?**   뭐라고 하셨어요?
A: **I said seventh floor.**   7층입니다.

다시 한 번 말씀해 주세요.

Could you say that again for me?

A: **I'm sorry, I couldn't hear you.**
미안하지만, 듣지 못했습니다.

Could you say that again for me?
다시 한 번 말씀해 주시겠습니까?

KNOW THIS!

'듣지 못했다'는 I couldn't hear you.라고 합니다. hear 대신 listen을 쓸 수는 없고, catch를 쓸 수는 있습니다.

- **I couldn't catch what you said.** 말씀하신 것을 듣지 못했습니다.

'다시 한 번 말해 주십시오.'는 What did you say?라고도 할 수 있지만, 친하지 않은 상대에게는 쓰지 않는 것이 좋습니다. 상대방에게 천천히 말해 달라고 할 경우에는 Would you mind speaking more slowly?(좀 더 천천히 말씀해 주시지 않겠습니까?)라고 하면 대개 천천히, 확실히, 그리고 경우에 따라서는 쉬운 표현으로 다시 말해 줍니다.

~은 무슨 뜻입니까?

What do you mean by ~?

A: **Excuse me, what do you mean by "a heater"?**
실례지만 '히터'는 무슨 뜻입니까?

B: **"A heater" is equipment that is used to raise the temperature.**
'히터'는 온도를 높이는데 사용되는 도구입니다.

You can use this "heater" in a room or a car.
이 '히터'는 방이나 차에서 사용할 수 있습니다.

단어의 의미를 모를 경우에는 이처럼 What do you mean by ~?나 What does ~ mean?을 사용합니다. 상대가 말하는 것을 전혀 이해할 수 없을 때에는 I don't quite understand.라고 하면 됩니다.

대화를 들어볼까요?

→ 민호와 잭이 함께 야구경기를 보러 갔다.

Jack : Oh, I remember the next batter.

He got a home run* last time he was at bat*.

Minho : Yes, he's the No. 1 long ball hitter*.

His name is Park Jaehong.

Jack : What's his name again?

Minho : Park Jaehong.

Jack : Oh, I see.

I guess he will be the home run king.

Minho : Sorry, I couldn't hear you.

What did you say?

Jack : I guess he will be the home run king.

Minho : Yes, I really think so too.

And I think he will make it to the major leagues.

home run 홈런 (만루홈런은 **grand slam**, **grand-slammer**)   **at bat** 타석에서
long ball hitter 장거리 타자

DIALOGUE

Jack : **I beg your pardon?**

Minho : **I said he will make it to the major leagues.**

Jack : **I hope so.**

잭 : 아, 다음 타자를 알아요. 전 타석에서 홈런을 쳤어요.
민호 : 예, 그는 최고의 장거리 타자예요. 이름은 박재홍이에요.
잭 : 이름이 뭐라고 했어요?
민호 : 박재홍.
잭 : 알았어요. 그는 홈런왕이 될 거예요.
민호 : 미안하지만, 듣지 못했어요. 뭐라고 했어요?
잭 : 홈런왕이 될 것 같군요.
민호 : 그럴 것 같아요. 그러면 메이저리그에서도 잘 해낼 수 있을 것 같아요.
잭 : 뭐라고 했어요?
민호 : 그러면 메이저리그에서도 잘 해낼 수 있을 거라고 했어요.
잭 : 그러면 좋겠군요.

이렇게 시끄러운 장소가 아니더라도 잘 알아듣지 못할 경우가 많이 있지요. 이럴 때에는 다시 말해 달라고 부탁하세요. 다시 묻는 것은 실례가 아닙니다.

빈칸을 채워보세요

→ 회사에 외국인에게서 전화가 걸려 왔다.

상대 : **Hello. Is this ABC Industries?**
여보세요. ABC 공업사입니까?

I would like to speak to Mr. Lee, please.
이 선생님을 부탁합니다.

당신 : **I ① _____ your pardon?**
다시 한 번 말해 주십시오.

상대 : **Mr. Lee, please.**
이 선생님을 부탁합니다.

당신 : **I'm sorry but Mr. Lee is our for lunch.**
미안하지만, 이 선생님은 점심 식사하러 외출했습니다.

상대 : **I see. Then please tell him to give me a call. This is Mr. Billings.**
알겠습니다. 그러면 그에게 전화를 달라고 전해 주십시오. 저는 빌링스입니다.

당신 : **I'm sorry, but I couldn't ② _____ you.**
미안하지만, 들지 못했습니다.

Could you give me your name again?
다시 한 번 이름을 말해 주시겠습니까?

상대 : **Mr. Billings.**
빌링스입니다.

EXERCISE

당신 : **Mr. Billings. I see. I'll** ③ _____ **him the message.**

빌링스 씨군요. 알겠습니다. 메시지를 전하겠습니다.

상대 : **Thanks. Bye.**

감사합니다. 안녕히 계세요.

C O L U M N

★ 단수와 복수

영어를 기초로 하는 구미의 언어는 단수와 복수의 개념이 확실합니다. 이것은 수를 중시하는 문화가 언어에 반영된 것입니다.

(1) 습관적으로 복수를 사용하는 명사

congratulations(축하합니다), greetings(인사), apologies(사과), thanks(감사), take notes(필기하다), jeans(청바지), pajamas(잠옷) 등

(2) 단수인가, 복수인가?

An apple and a banana are my favorite. (나는 사과와 바나나를 좋아한다.)
틀린 영어는 아닙니다. 그러나 복수로 하지 않으면 사과의 총칭, 바나나의 총칭이 되지 않으므로 '1개만을 좋아한다'가 됩니다.

An apple or a banana are to be served. (사과나 바나나가 나옵니다.)
이것은 문법적으로 틀렸습니다. 이 경우 **or**는 '어느 쪽이든지 하나'이므로 **is**를 써야 합니다. **apples or bananas**로 모두 복수인 경우에는 물론 **are**. **an apple, bananas**라고 단수와 복수가 같이 있을 경우는? 답은 **are**. 기본적으로 동사는 바로 앞에 있는 명사에 일치시키기 때문입니다. 그러면, 햄 앤 에그와 같이 하나로 되어 있는 단어는 어떻게 할까요? 답은 단수형. **Your ham and eggs was so good!**이라고 표현하는 것이 보통입니다.

Answers

① **beg** ② **hear** ③ **give**

Unit 08

학습일

감상을 물을 때

상대방의 느낌이나 생각, 의견을 물을 때는 보통 **How ~? / What do you think ~?**(~에 대해 어떻게 생각합니까?)를 이용하여 표현합니다. 그러나 좋아하는 정도나 어떤 것을 권했을 때 마음에 드는지 어떤지를 물을 때는 **How do you like ~?**(~은 어때요?) 등의 문형을 활용하여 표현합니다. 대답은 간단하게 **I think ~ / In my opinion ~?** (제 의견으로는 ~.) 정도면 무난!

What's the weather like?

날마다 쓰는 베스트 기본문장 따라 읽기

Step 1 : 원어민 음성 무작정 듣기 **step 2** : 크게 소리내어 따라 읽기 **step 3** : 문장의 뜻 확인 하며 다시 읽기 **step 4** : 혼자서 문장 읽어보기

050 한국은 어떻습니까?

How do you find Korea?

051 이곳 생활은 어때요?

How are you enjoying it here?

052 그 영화 어땠어요?

How was the film?

053 정말 멋있는데요.

I think it's great.

054 첫인상이 어땠어요?

How was your first impression?

055 그를 어떻게 생각해요?

What do you think of him?

056 즐겁게 지내셨어요?

Did you have a good time?

이것만은 꼭 알아두자!

~은 어떻습니까?

How do you ~?

(백화점 탈의실에서 스웨터를 입어보고)

A: **I like this sweater, especially the color. How do I look?**
이 스웨터, 마음에 들어요. 특히 색이, 어때요?

B: **Great. It's definitely you.**
멋있어요. 잘 어울려요.

예문의 How do I look?은 직역하면 '내가 어떻게 보입니까?'가 됩니다. 이와 같이 사물[사람]의 '상태'에 관하여 감상을 물을 때에는 **how**를 씁니다.

- **How do you find Korea?** 한국은 어떻습니까?
- **How was your trip to the United States?** 미국여행은 어땠습니까?
- **How was the film?** 그 영화 어땠어요?
- **How was your first impression?** 첫인상이 어땠어요?

~에 관해서 어떻게 생각합니까?

What do you think of ~?

A: **What do you think of him?**
그를 어떻게 생각해요?

B: **I think he is very kind.**
친절한 사람인 것 같아요.

사물[사람]의 상태뿐만 아니라 전반적인 감상[의견]을 물을 때는 '~에 관해서 당신은 어떻게 생각합니까?'라는 의미로 **What do you think of ~?**라는 표현을 씁니다.

- **What do you think of Korea?** 한국에 관해 어떻게 생각합니까?

KNOW THIS!

이외에 what을 사용한 표현을 공부해봅시다.

- **What was the film like?**   그 영화 어땠어요?
- **What's your boss like?**   당신 사장은 어떤 사람이죠?
- **What's your opinion?**   당신의 의견은 뭐죠?

~는 즐거웠습니까?

Did you enjoy ~?

A : **Did you enjoy the summer vacation?**
여름휴가는 즐거웠습니까?

B : **Yes, I did. What about you?**
예. 당신은 어땠어요?

Did you enjoy ~?는 '~는 즐거웠습니까?'라고 묻는 표현입니다. enjoy 외에도 feel을 사용해서 Did you feel ~? '~라고 생각했[느꼈]습니까?' 등으로 다양한 표현이 가능합니다.

- **Did you feel comfortable with him?**   당신은 그가 편안했습니까?
- **Did you have a good time?**   즐겁게 지냈습니까?

 대화를 들어볼까요?

→ 잭이 연휴를 이용해서 여행에 다녀왔다. 민호가 감상을 묻고 있다.

Minho : How did you spend your holidays?

Jack : I went to Gyeongju.

Minho : Really? Lucky you*.

I stayed home the whole time.

How was the trip?

Jack : Everything went well.

I had a good time*.

Minho : Is Gyeongju an interesting place?

Jack : Yes, it's a fantastic* city.

There are many interesting sights to visit.

I have some pictures of the trip.

Would you like to see them?

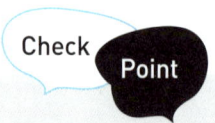

Lucky you. 좋겠어요. **have a good time** 즐거운 시간을 보내다
fantastic 환상적인, 멋진

DIALOGUE

Minho : Thank you. I'd love to.

Nice pictures.

I wish I could go there someday.

Jack : Yes, you should.

민호 : 휴일은 어떻게 보냈어요?
잭 : 경주에 갔었어요.
민호 : 그래요? 좋았겠군요. 나는 쭉 집에 있었어요. 여행은 어땠어요?
잭 : 좋은 여행이었어요. 즐거운 시간 보냈어요.
민호 : 경주는 좋은 곳이죠?
잭 : 예, 멋진 도시에요. 볼 것이 매우 많아요. 여행 사진이 좀 있어요. 보겠어요?
민호 : 고마워요. 보고 싶어요. 멋진 사진이군요. 나도 언젠가 가보고 싶어요.
잭 : 가면 좋아요.

감상을 묻는 표현인 **How** ~?와 **What** ~?의 미묘한 차이를 이해했습니까?

빈칸을 채워보세요

→ 미국인 손님이 회사에 왔다. 한국에 1주간 체재할 예정이다.

1 비행은 쾌적했는지 물어보자.

당신 : **Welcome to Korea. ① _____ was the flight?**
한국에 오신 걸 환영합니다. 비행은 어땠습니까?

손님 : **Well, it was O.K., I guess.**
네, 좋았습니다.

2 한국에 관한 전체적인 감상을 물어보자.

당신 : **② _____ do you think of Korea?**
한국을 어떻게 생각합니까?

손님 : **Well, it seems to me that people are always busy in Korea especially in Seoul.**
한국, 특히 서울은 사람들이 항상 바쁘게 다니는 것 같습니다.

3 손님이 미국으로 귀국하는 날이 되었다. 체재는 즐거웠는지 물어보자.

당신 : **③ _____ you enjoy your staying? Didn't you miss anything that you wanted to do?**
체재는 어땠습니까? 하지 못한 일은 없습니까?

손님 : **Well, I wish I had more time to enjoy hot-springs.**
예, 온천에 가보고 싶었어요.

EXERCISE

COLUMN

★ 합성어의 강세

합성어에는 **airport**처럼 스트레스[강세]를 앞에 두는 것과 **downstairs**처럼 뒤에 두는 것이 있습니다. 그 중에는 의미가 달라지는 것도 있습니다.

앞 강세	뒤 강세
White House 백악관	**white house** 흰 집
Big Apple 뉴욕시 애칭	**big apple** 큰 사과
darkroom 암실	**dark room** 어두운 방
greenhouse 온실	**green house** 녹색 집
blackbird 검은 찌르레기	**black bird** 검은 새
crossword 크로스워드 퍼즐	**cross word** 기분 나쁜 말
freehand 손으로 그린	**free hand** 자유재량
tallboy 2층 장롱	**tall boy** 키가 큰 남자
hotpot 스튜 요리의 일종	**hot pot** 뜨거운 포트
bighorn 산양	**big horn** 큰 뿔
Bigfoot 록키산에 사는 산사람	**big foot** 큰 발
longears 밝은 귀	**long ears** 긴 귀

Answers

① **How**   ② **What**   ③ **Did**

Unit 09

학습일

형편을 물을 때

약속을 잡을 때는 먼저 상대방의 시간이나 형편이 어떤지 묻고 서로에게 편리한 시간과 장소를 맞추게 됩니다. 때로는 약속 날짜나 시간을 다시 확인해야 할 경우도 있고요. 약속과 관련된 표현은 일상생활에서 아주 흔하게 사용하는 가장 실용적인 표현이니까 좀 어렵더라도 **When would it be convenient for you?**(언제가 좋겠습니까?) / **Can you make it?**(괜찮겠습니까?) 정도는 꼭 외워두세요!

날마다 쓰는 베스트 기본문장 따라 읽기

Step 1 : 원어민 음성 무작정 듣기 **step 2** : 크게 소리내어 따라 읽기 **step 3** : 문장의 뜻 확인하며 다시 읽기 **step 4** : 혼자서 문장 읽어보기

057 지금 시간 좀 있나요?

Do you have time now?

058 지금 바쁘세요?

Are you busy now?

059 실례지만, 시간 좀 있으세요?

Excuse me. Do you have a minute?

060 다른 약속이 있나요?

Do you have another appointment?

061 언제 시간 있어요?

When do you have time?

062 언제 만날까요?

When can we meet?

063 괜찮겠어요?

Can you make it?

이것만은 꼭 알아두자!

바쁘십니까?

Are you busy?

> A: **Are you busy now?**   지금 바쁘세요?
>
> B: **I'm sorry.**   미안하지만, 급한 전화가 와서요.
> **I got an urgent phone call.**
>
> A: **I see. I'll talk to you later.**   알았어요. 나중에 얘기하죠.

바쁜지 어떤지를 묻는 것이 Are you busy?입니다. 회화에서는 Are you busy right now?라고 right now를 붙여서 말합니다. 여기서 right은 특별한 의미는 없고 강조하는 말입니다. right은 약하고 now에 강세가 있습니다. 이와 같은 right의 사용법에는 right here(여기에서, 이곳에) 또는 right there(저기에서, 저기에) 등이 있으며, just도 강조의 의미로 자주 쓰입니다. '지금 시간이 있습니까?'라는 표현에 Do you have a minute?이 있습니다.

> A: **Excuse me. Do you have a minute?**   실례지만, 시간 있습니까?
>
> B: **Sorry, I'm in a hurry.**   죄송하지만 바빠요.

Do you have time?도 이것과 같은 의미로 사용할 수 있는 표현입니다.

언제가 편하십니까?

When would it be convenient for you?

> A: **Do you have a minute? I have something to tell you.**
> 시간 있습니까? 말씀드릴 게 있습니다.
>
> B: **I'm afraid I don't. My client is waiting for me at the lobby.**
> 시간이 없는데요. 로비에 손님이 기다리고 있어서요.
>
> A: **When would it be convenient for you, then?**
> 그럼, 언제가 편하십니까?

KNOW THIS!

형편을 묻는 convenient는 주어로 반드시 it을 씁니다. '월요일은 시간이 됩니까?'는 Are you convenient on Monday?가 아니고 Is Monday convenient for you?로 해야 합니다. 형편에 관한 표현으로는 이외에 suit나 fine을 사용할 수 있습니다.

- **What day of the week will suit you best?**
  무슨 요일이 제일 시간이 괜찮습니까?

- A : **Let's meet in front of the restaurant. Is ten o'clock fine for you?** 레스토랑 앞에서 만납시다. 10시 좋습니까?
  B : **It's perfectly all right with me.** 아주 좋아요.

~하면 어떨까요?

How about ~?

A : **When would you like to have a date?** 데이트는 언제가 좋지?
B : **Let me see ….** 글쎄 ….
A : **How about Tuesday evening?** 화요일 밤은 어떨까?
B : **That's fine.** 좋아.

How about ~?은 '~하면 어떨까?'라는 의미로 What about ~?으로 바꿀 수 있는데, 비슷한 표현인 권유의 How about -ing?(~하는 것은 어떻습니까?)와 혼동하지 않도록 주의합시다.

- **How about going to the zoo with me on Sunday?**
  일요일에 동물원에 가지 않을래요?

 대화를 들어볼까요?

→ 미라가 영어회화 강사인 스미스 씨와 이야기하고 있다.

Mira : Excuse me, Mr. Smith, are you busy right now*?

Mr. Smith : Why?

Mira : I have a couple of* questions to ask you.

Mr. Smith : I'm afraid I'm a little busy now.

Would you like to come to my office at one o'clock?

Mira : I'm sorry I can't.

Mr. Smith : Then, when would it be convenient* for you?

Mira : Let me see.

How about around four this afternoon?

Mr. Smith : That'll be fine.

right now (바로) 지금 (right은 강조어)
a couple of 두서넛의 (구어에서는 of를 생략할 수 있다.)   **convenient** 형편이 좋은

DIALOGUE

미라 : 실례지만, 스미스 선생님, 지금 바쁘십니까?
스미스 선생 : 왜요?
미라 : 두세 가지 질문이 있습니다.
스미스 선생 : 안됐지만 지금은 좀 바쁘군요. 1시에 내 사무실로 와 주겠어요?
미라 : 죄송하지만 갈 수 없을 것 같습니다.
스미스 선생 : 그럼, 언제 시간이 됩니까?
미라 : 저, 오늘 오후 4시경이 어떻습니까?
스미스 선생 : 좋아요.

일방적으로 말을 하거나 끼어드는 것은 실례되는 행동입니다. 먼저 상대방의 형편을 묻는 것을 잊지 마세요.

빈칸을 채워보세요

→ 다른 부서 동료를 권유해서 식사를 함께 하고 싶다. 전화를 걸어 형편을 물어보자.

당신 : Hi, it's me. Are you ① _____ now?
난데, 지금 바빠?

Have you got a minute to talk?
잠깐 얘기할 시간 있니?

동료 : Sorry, but I can't talk right now. I'll call you in ten minutes.
안 돼. 지금은 시간이 없어. 10분 후에 다시 걸게.

(10분 후)

동료 : Hi. What's up?
무슨 일이야?

당신 : Are you free tonight? I found a very nice Italian restaurant.
오늘 밤 시간 있어? 멋진 이태리 식당을 찾았어.

I would like to take you there.
너를 데려 가고 싶어.

동료 : Oh, that's very kind of you. But I have an appointment tonight.
권해줘서 고마워. 그런데 선약이 있어.

EXERCISE

당신 : I see. When would it be ② _____ for you, then?

알겠어. 언제쯤 시간이 되니?

동료 : Well, ③ _____ about tomorrow night?

음, 내일 밤은 어떨까?

당신 : That's O.K. with me.

나는 좋아.

COLUMN

★ 때를 나타내는 this, next, last

약속을 할 때나 예정을 잡을 때 this, next, last 등의 말을 쓰고 있습니다. 예를 들어 오늘이 13일 금요일이라고 합시다.

이번 주 화요일을 흔히 I saw you last Tuesday.라고 하지만, 이것만으로는 지난주인지 이번 주인지 듣는 사람에 따라 다를 수가 있습니다. last를 '최근의'이라는 의미로 이해하는 사람이 있고 '지난 주'라는 의미로 이해하는 사람이 있으므로 여기에서 같은 주인 경우에는 this나 last를 사용하지 말고 on Tuesday로 하면 오해가 생기지 않습니다.

또한 Wednesday last week(지난 주 수요일)이라고 하거나, 21st next week(다음 주 21일), this coming 16th(오는 16일), 8th of this week(이번 주 8일)처럼 날짜로 표현을 하면 정확히 전달할 수 있습니다.

Answers
① busy ② convenient ③ how / what

Unit

학습일

기호와 취미를 물을 때

사람을 사귈 때 가장 먼저 물어보는 것이 아마 취미가 뭐냐는 거죠? 뭘 좋아하는지 알아야 그 사람의 성향을 파악하기도 쉽고, 화제를 선택하기도 쉬워질 테니까요. **What is your hobby?**(취미가 뭡니까?) / **What are you interested in?**(무엇에 흥미가 있습니까?) 상대가 좀 특별한 취미를 갖고 있다면 어떻게 그런 취미를 갖게 됐는지도 궁금하겠죠? **What made you start your hobby?**(어떻게 그 취미를 시작했습니까?)라고 물어보세요!

날마다 쓰는 베스트 기본문장 따라 읽기

Step 1 : 원어민 음성 무작정 듣기
step 2 : 크게 소리내어 따라 읽기
step 3 : 문장의 뜻 확인 하며 다시 읽기
step 4 : 혼자서 문장 읽어보기

064 취미가 뭐세요?
What is your hobby?

065 나는 특별한 취미는 없어요.
I have no hobbies in particular.

066 케이크 만드는 법을 아십니까?
Do you know how to make a cake?

067 회 드세요?
Do you eat raw fish?

068 재즈 좋아하세요?
Do you like Jazz?

069 빵 만드는 거 좋아해요?
Do you like baking?

070 혼자서 할 수 있습니까?
Can you do it by yourself?

이것만은 꼭 알아두자!

~하세요?

Do you ~?

A: **We'll order something new for you.**
새로운 것을 주문할게요.

Do you eat raw fish?
회 드세요?

B: **I guess so.**
예, 먹어요.

상대의 취미나 스포츠, 생활습관을 물을 때는 Do you ~?를 씁니다. '먹을 수 있습니까?'라는 의미로 Can you ~?를 쓸 수도 있지만, 이것은 능력이 있는지를 묻는 것이어서 상황에 따라 실례인 경우도 있으므로 주의해서 써야 합니다. 음식물의 기호도 Can you ~?가 아니라 Do you ~?를 쓰는 것이 자연스럽습니다. (알레르기 등으로 먹을 수 없는 경우에는 can을 씁니다.)

- **Do you drink whisky?**   위스키 드십니까?
- **Do you ski?**   스키를 탑니까[탈 수 있습니까]?
- **Do you smoke?**   담배를 피웁니까?
- **Do you like Jazz?**   재즈 좋아하세요?

~할 줄 아세요?

Can you ~?

A: **Can you do it by yourself?**   혼자서 할 수 있습니까?
B: **No problem.**   문제없어요.

상대의 능력을 물을 때는 Can you ~?를 씁니다.

KNOW THIS!

- A: **Can you find your way to the theater?**
  영화관까지의 길을 알고 있습니까?

  B: **I think I can. I have a map.**
  알 수 있을 것 같아요. 지도가 있으니까요.

- **Can you swim?** 수영할 수 있습니까? (스포츠가 아닌 기술로서)
- **Can you back-flip?** 뒤로 공중제비 할 수 있습니까?

~하는 법을 아세요?

Do you know how to ~?

A: **Do you know how to operate this VTR?**
이 VTR의 사용법을 알고 있습니까?

B: **Yes. You can ask me anything.**
예. 무엇이든 물어보세요.

물건을 다루는 방법에 관한 질문이나 지식 등을 물을 때 **Do you know how to ~?** 를 씁니다.

- A: **Do you know how to send E-mail?** 이메일 보내는 법을 아세요?

  B: **No, would you tell me, please?** 몰라요. 가르쳐 주겠어요?

- **Do you know how to make a cake?** 케이크 만드는 법을 아십니까?

대화를 들어볼까요?

→ 잭이 미라가 만든 케이크를 먹고 있다.

Mira : Here you go*.

Jack : Oh, did you make these yourself?

Mira : Yes, of course.

　　　Baking* is a hobby of mine.

　　　How do you like them?

Jack : Mmm! They're very good. Thank you.

　　　You're a good cook.

　　　You know what?

　　　Next time I'll make a cake for you.

Mira : Really? Do you like baking?

Jack : Yes, don't be surprised!

　　　What kind of cakes do you like?

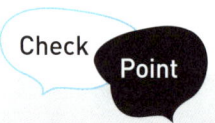

Here you go. 자, 드세요.　**baking** 과자 또는 빵을 굽는 것
You'll see. 기대하세요. / 보러 와요.

DIALOGUE

Mira : **I don't like anything too sweet.**

Jack : **Well, I'll make you some nice fruitcake.
You'll see*.**

미라 : 자, 드세요.
잭 : 아, 이걸 직접 만들었어요?
미라 : 물론이죠. 빵을 만드는 것이 취미예요. 맛이 어때요?
잭 : 음, 맛있어요. 고마워요. 요리를 잘 하는군요. 저, 있잖아요.
다음에는 내가 케이크를 만들어 줄게요.
미라 : 그래요? 빵 만드는 거 좋아해요?
잭 : 예, 놀라지 마세요. 당신은 어떤 케이크를 좋아해요?
미라 : 달지 않은 게 좋아요.
잭 : 그럼, 다음에는 맛있는 과일케이크를 만들어 줄게요. 기대하세요.

대화의 화제로는 취미나 기호가 가장 무난하죠. 친하지 않은 상대에게는 나이, 결혼여부, 부친의 직업이나 급여, 종교, 정치 이야기 등은 꺼내지 않는 것이 좋아요.

빈칸을 채워보세요

→ 당신의 집에 미국인 유학생이 머물게 되었다. 오늘은 그 첫날이다.

1 유학생은 당신과 다른 학교에 다니게 되었다. 학교까지 혼자서 갈 수 있는지 물어보자.

당신 : **Do you think you ① _____ find your way to the school tomorrow?**

내일 학교 가는 길 알 것 같아요?

I can take you there, if you want me to.

모르면 함께 가 드릴게요.

유학생 : **That would be very helpful, if you don't mind.**

그렇게 해주시면 고맙겠습니다.

2 한국 음식을 먹는지 물어보자.

당신 : **② _____ you eat Korean food at home?**

고향에서는 한국 음식을 먹습니까?

유학생 : **Not much. But I love Bulgogi.**

아뇨, 그다지 먹지 않습니다. 그러나 불고기는 좋아합니다.

3 젓가락 사용법을 알고 있는지 물어보자.

당신 : **Do you know ③ _____ to use chopsticks?**

젓가락 사용법을 알고 있습니까?

EXERCISE

유학생 : **A friend of mind showed me once, but I cannot remember.**

친구에게 한번 배웠지만 기억이 잘 나지 않는군요.

당신 : **O.K. I'll show you.**

좋아요. 내가 보여 드릴게요.

COLUMN

★ 스포츠에서의 **play, go, do**

'스포츠를 하다'라는 표현에는 play ~, -ing, do ~의 세 가지 표현이 가능합니다.

(1) play를 사용하는 스포츠

주로 구기 등의 게임 스포츠. 테니스, 야구, 축구, 배구, 농구 등입니다. **play tennis**, **play baseball** 등을 씁니다.

(2) -ing를 사용하는 스포츠

경기명이 보통 -ing형인 스포츠. **skiing, surfing, skating, cycling** 등이 해당합니다. -ing형을 떼고 **ski, surf, cycle** 등으로 동사로도 쓸 수 있습니다. 또한, **go** 등 다른 동사와 결합해서 사용할 수도 있지만 **play**는 쓸 수 없습니다.

• **Do you hike?** 하이킹을 합니까?
• **Let's go surfing.** 서핑 하러 갑시다.

(3) do를 사용하는 스포츠

(1), (2)의 이외의 스포츠. 양궁, 씨름, 카누 등입니다. **do canoe**로 씁니다. 또한 (1), (2), (3) 이외에 구체적인 동사를 쓸 수도 있습니다.

• **run a race, jump hurdles**

Answers

① **can**　② **Do**　③ **how**

Unit

고마움을 나타낼 때

서양 사람들은 **Thank you.**(고마워요.)라는 말을 입에 달고 살아요. 요만한 친절에도 **Thanks a lot.** 감정 표현을 잘 하지 않는 우리로서는 좀 황당할만큼 **Thanks.**를 남발(?)하지요. 그러니 우리도 그들과 얘기할 때는 아낌 없이 감사의 인사를 합시다. 그리고 상대가 **Thank you.** 하면 그냥 멀뚱히 서있지 말고 살짝 미소 지으면서 대답해 주세요. **Not at all.** / **Don't mention it.**

날마다 쓰는 베스트 기본문장 따라 읽기

Step 1 : 원어민 음성 무작정 듣기   **step 2** : 크게 소리내어 따라 읽기   **step 3** : 문장의 뜻 확인하며 다시 읽기   **step 4** : 혼자서 문장 읽어보기

071 감사합니다.
Thank you.

072 대단히 감사합니다.
Thank you so much.

073 진심으로 감사드립니다.
I heartily thank you.

074 어쨌든 감사합니다.
Thanks anyway.

075 친절에 감사드립니다.
Thank you. It's so kind of you.

076 천만에요.
You're welcome.

077 별말씀을요.
Not at all.

이것만은 꼭 알아두자!

고마워요.

Thank you.

A: **Would you get me scissors?**   가위를 집어주시겠습니까?

B: **Here you are.**   여기 있습니다.

A: **Thanks a lot.**   감사합니다.

이와 같이 Thanks a lot. / Thanks so many. / A thousand thanks. 처럼 thank를 복수형으로 하면 감사의 느낌이 깊어집니다. 또한 '많은'이라는 의미의 말을 붙여서 Thank you very much. / Thank you so much. 라고 하기도 합니다. 감사의 이유를 의미하는 for를 붙이면 무엇에 감사하는 것인지를 나타낼 수 있습니다.

- **Thank you for the flowers.**   꽃을 주셔서 감사합니다.
- **Thanks for calling.**   전화 감사합니다.

회화에서는 대개 Thank you. 뒤에 다음과 같은 말을 덧붙입니다.

- **It's so kind of you. / How kind of you.**   친절에 감사드립니다.
- **It was a big help.**   크게 도움이 되었습니다.

천만에요.

Not at all.

A: **Thanks for showing me around.**   안내해 주셔서 감사합니다.

B: **Not at all.**   천만에요.

감사의 말에 대한 대답으로는 You are welcome. 이외에도 많이 있습니다.

- **It's nothing.**   아무 것도 아닙니다.
- **Anytime.**   언제라도 좋아요.

KNOW THIS!

- **Don't mention it.**   천만에요. 〈격식을 차린 표현〉
- **It's my pleasure.**   천만에요.

아뇨, 됐습니다.

No, thank you.

A: **How about another piece of pizza?**
피자 한 조각 더 드시겠어요?

B: **No, thank you. The pizza is nice, but I've had plenty.**
아뇨, 됐습니다. 피자가 맛있지만, 벌써 많이 먹었습니다.

Thanks anyway.
어쨌든 감사합니다.

이와 같이 상대방의 배려에 대해 거절하는 표현을 몇 가지 들어봅시다.

- **Thank you just the same. / Thanks all the same.**   어쨌든 감사합니다.

이런 표현은 부탁을 거절당했을 때의 인사로도 사용할 수 있습니다.

A: **Can you tell me how to get to the Museum?**
미술관에 가는 길을 가르쳐 주십시오.

B: **Sorry, but I'm a stranger here too.**
미안하지만, 저도 여기는 처음입니다.

A: **I see. Well, thanks just the same.**
알겠습니다. 어쨌든 감사합니다.

 대화를 들어볼까요?

→ 오늘은 미라의 생일이다. 케이트와 잭이 선물을 가지고 왔다.

Kate & Jack : Happy birthday, Mira.

Kate : Here's a present for you.

I hope you like* them.

Mira : What beautiful flowers!

Thank you.

Kate : Not at all.

It's my pleasure.

Jack : And this is from me.

Mira : Thank you so much.

Jack : Can you guess what* it is?

Mira : I can't imagine.

May I open it?

I hope you like ~. ~이 마음에 들면 좋겠다. (선물 등을 건넬 때의 표현)
guess what 뭐일 것 같아요, 맞춰 봐요. **go ahead** 어서요. (상대를 재촉하는 경우에 자주 사용하는 표현) **treasure** 소중히 하다, 애지중지하다 (ⓝ 보물, 애장품, 재산)

✓ 1 2 3 **DIALOGUE**

Jack : **Sure, go ahead*.**

Mira : **Wow, what a cute teddy bear!**

Thank you, Jack.

I'll treasure* it.

케이트와 잭	: 생일 축하해, 미라.
케이트	: 이거 선물이에요. 마음에 들면 좋겠어요.
미라	: 예쁜 꽃이군요! 고마워요.
케이트	: 천만에요. 좋아하시니 기뻐요.
잭	: 그리고 이것은 제 선물이에요.
미라	: 정말 고마워요.
잭	: 무엇일 것 같아요?
미라	: 전혀 모르겠어요. 열어봐도 돼요?
잭	: 그러세요.
미라	: 와! 귀여운 곰 인형이군요. 고마워요, 잭. 소중하게 간직할게요.

감사의 마음만을 어떻게 해서든지 전하고 싶지요. 무엇보다 마음을 전달하는 것이 의사소통의 목적이니까요.

빈칸을 채워보세요

→ 당신은 디너파티에 초대되었다. 친구 집에 도착하자 그가 마중을 나왔다.

친구 : Welcome! I'm very glad that you come.

어서 와! 와 주어서 기뻐.

당신 : Thank you for your invitation.

초대해 주어서 고마워.

친구 : It's my ①_____. I'll get you a glass of fruit juice.

천만에. 과일 주스 한 잔 갖다 줄게.

It's your favorite, right?

네가 좋아하는 거지?

당신 : Thank you. That's very ②_____ of you.

고마워. 정말 친절하구나.

친구 : Not ③_____. Dinner's almost ready.

천만에. 저녁 식사도 거의 준비되었어.

Would you please wait for a while?

잠시 기다려 주겠니?

당신 : Of course I will.

물론.

(식사가 끝나고 친구가 커피를 타준다.)

친구 : Would you like another cup of coffee?

커피 한 잔 더 들겠니?

EXERCISE

당신 : **No, ④ _____. I wish I could, but I am full.**
아니. 많이 먹었어.

친구 : **I see. Did you enjoy the dinner?**
알았어. 식사는 맛있었니?

당신 : **Yes, I did. Thanks again for your invitation.**
그래. 초대해 주어서 정말 고마워.

COLUMN

★ 남성어와 여성어

영어에는 여자들이 즐겨 쓰는 말이 있습니다. 남성이 이런 말을 자주 쓰면 이상하게 들릴 수도 있습니다. 여성어는 다음과 같은 특징이 있습니다.

(1) 단정을 피하기 위해 말끝을 올립니다.

(2) 상대의 동의를 구하는 표현을 많이 씁니다.

It's so cool, isn't it? 과 같은 부가 의문이 대표적인 예입니다.

(3) 표현을 부드럽게 한 말을 사용합니다.

John is "kind of" sweet.(존은 좀 멋져요.)와 같이 **kind of**나 **sort of**를 사용할 때가 있습니다.

(4) **lovely, sweet, charming, cute, adorable** 등의 말을 자주 씁니다.

(5) 'Oh, how + 형용사!' 형의 감탄표현을 씁니다.

Oh, how lovely!(어머, 예쁘네!)

(6) **Wh-**의문문은 말끝을 올려서 합니다.

대개 이런 의문문은 말끝을 내리는 인토네이션이지만 여성적인 예쁜 표현을 하기 위해 말끝을 올리게 됩니다.

Answers
① **pleasure**　② **kind / thoughtful**　③ **at all**　④ **thank you**

Unit 12

미안함을 나타낼 때

미안하다고 가볍게 사과할 때는 보통 **Excuse me.**(미안합니다. / 실례합니다.)라는 표현을 씁니다. **I'm sorry.**(미안합니다.)라는 표현은 모든 잘못과 책임을 인정한다는 의미를 내포하기 때문에 잘못하면 죄를 뒤집어쓸 수도 있다는 점! 굉장히 주의해야 합니다. 그러니 어지간하면 무조건 **Excuse me!** 로 밀고 나가세요. 대답할 때는 **That's all right.**(괜찮습니다.)

날마다 쓰는 베스트 기본문장 따라 읽기

Step 1 : 원어민 음성 무작정 듣기
step 2 : 크게 소리내어 따라 읽기
step 3 : 문장의 뜻 확인 하며 다시 읽기
step 4 : 혼자서 문장 읽어보기

078 미안합니다.

I'm sorry.

079 실례합니다.

Excuse me.

080 정말 죄송합니다.

I'm really sorry.

081 폐를 끼쳐서 죄송합니다.

I'm sorry to trouble you.

082 제 잘못입니다.

It's my fault.

083 걱정 마세요.

Please don't worry about it.

084 괜찮습니다.

That's all right.

이것만은 꼭 알아두자!

미안합니다.

I'm sorry.

A: **You are late. What happened?**
늦었군요. 무슨 일 있었어요?

B: **I'm sorry.**
죄송합니다.

To tell you the truth, I slept in.
사실은 늦잠 잤어요.

I'm sorry.에 다음과 같은 말을 붙여서 다양한 표현을 할 수 있습니다.

- **I'm sorry (that) I can't help you.** 도와드릴 수가 없어서 죄송합니다.
- **I'm sorry to trouble you.** 폐를 끼쳐서 죄송합니다.

I'm sorry. 뒤에 that절이 붙는 경우, that은 대개 생략됩니다. 또한, 'to + 동사'일 때는 '이제부터 ~하다'라는 경우와 '~한 직후'라는 경우에 사용합니다. 이에 비해서 for -ing는 과거에 한 일에 대해서 사과한다는 차이가 있습니다. '~에 대해서'라는 이유를 말할 경우에는 for 또는 about을 씁니다.

- **I'm sorry for making so much noise.** 시끄럽게 해서 죄송합니다.
- **I'm sorry about spilling the drink.** 술을 엎질러서 죄송합니다.

괜찮습니다.

That's all right.

A: **I'm sorry for breaking the glass.**
컵을 깨뜨려서 죄송합니다.

B: **Please don't worry about it.**
걱정 마세요.

KNOW THIS!

worry는 '걱정하다, 고민하다'라는 의미이므로 다음의 표현은 '신경 쓰지 마세요, 걱정 마세요'라는 표현이 됩니다. 이 worry 대신에 mind를 사용해서 Never mind. '걱정 말고 잊어버리세요.'라고 할 수도 있습니다. 이외에 I'm sorry.에 대한 대답을 몇 가지 들어봅시다.

- **It's (quite) all right.**   괜찮아요.
- **No problem.**   문제없어요.
- **It's nothing.**   별 것 아니에요.

실례했습니다.

Excuse me.

A : **Excuse me for interrupting your work.**
일을 방해해서 죄송합니다.

B : **That's all right.**
괜찮아요.

'실례합니다. / 실례했습니다.'는 Excuse me.입니다. 기침 또는 재채기를 했을 때, 다른 사람의 앞을 지나갈 때, 몸을 건드렸을 때 등에도 사용합니다. I'm sorry.와 큰 차이점은 I'm sorry.는 자신의 실수나 잘못을 인정한다는 것입니다. 그러므로 구별해서 사용해야 합니다. 또한 자신의 잘못을 완전히 시인하는 표현도 알아둡시다.

- **It's my fault.**   제 잘못입니다.
- **I apologize for losing your pen.**   펜을 잃어버려서 정말 죄송합니다.

대화를 들어볼까요?

→ 미라, 케이트, 민호와 잭이 만나기로 했다. 약속시간대로 도착한 것은 케이트뿐이다. 미라가 약속시간 조금 늦게 왔다.

Mira : Sorry. I'm late.

I missed the train*.

Kate : That's all right.

Mira : Where are the others?

Kate : We're the only ones here.

(30분 뒤에 잭이 왔다.)

Jack : I'm very sorry to have kept you waiting.

I got on the wrong train*.

Kate & Mira : That's quite all right.

Jack : Where's Minho?

Kate : He isn't here yet.

miss the train 열차를 놓치다   **get on the wrong train** 열차를 잘못 타다
Come on! 이봐! / 글쎄! / 자! 〈구어〉

DIALOGUE

Mira : **I'll call him.**

Mira : **Huh! He's at home!**

Kate & Mira : **Come on* Minho!**

Minho's voice : **Oh! Were we supposed to meet today?**

I completely forgot. I'm really so sorry.

미라 : 미안해요, 늦어서. 열차를 놓쳤어요.
케이트 : 괜찮아요.
미라 : 다른 사람은요?
케이트 : 당신과 나뿐이에요.

(30분 뒤에 잭이 왔다.)

잭 : 기다리게 해서 정말 미안해요. 열차를 잘못 탔어요.
케이트와 미라 : 괜찮아요.
잭 : 민호는 어디 있어요?
케이트 : 아직 오지 않았어요.
미라 : 전화해 볼게요.

(휴대전화를 걸자 민호가 받았다.)

미라 : 어! 집에 있어요.
케이트와 미라 : 이봐, 민호!
민호의 목소리 : 아! 오늘 만나기로 했어요? 깜빡 잊었어요. 정말 미안해요.

Tip

누구나 약속을 잊어버릴 수 있어요. 그런 경우에는 사과해야죠.

103

빈칸을 채워보세요

→ 당신은 동료에게 빌린 책을 잃어버렸다. 사과해보자.

당신 : ① _____ me for interruption, but have you got a minute?

일하는데 미안해. 잠깐 시간 좀 내줄 수 있어?

I have something to tell you.

얘기할 게 좀 있어.

동료 : All right. Let's go to the cafeteria.

좋아. 카페테리아에 가자.

당신 : There is something I have to ② _____ to you.

사과해야 할 게 있어.

I borrowed one of your books the day before yesterday, remember?

그저께 당신에게 빌린 책 말인데, 기억나니?

동료 : Right. 그래.

당신 : I'm ③ _____, but I left it somewhere and still cannot find it.

그것을 어디에 두었는지 찾을 수 없어. 미안해.

동료 : Just that? Come on, please do not ④ _____ about it.

그 일이야? 이봐, 신경 쓰지 마.

EXERCISE

I have already read the book, anyway.

이미 읽은 책이니까.

당신 : **But it's my ⑤ _____. I'll pay you back.**

그렇지만, 내 잘못이야. 물어 줄게.

동료 : **Don't even mention it.**

신경 쓰지 않아도 돼.

C|O|L|U|M|N

★ 주의해야 할 표현

우리말에서는 '거짓말' 또는 '거짓말이지'라는 말을 가벼운 느낌의 맞장구로서 사용하고 있지만, 이것은 영어에서는 금물입니다. 그것을 그대로 영어로 해서 **You are liar.**(거짓말쟁이.)라고 하든지 **You are lying.**(거짓말이지.) 또는 **Don't tell me a lie.**(거짓말 마세요.) 등으로 말하지 않도록 주의해야 합니다.

이것은 lie가 상대의 인격을 손상시키는 표현이기 때문입니다.

굳이 사용하려면 다음과 같은 표현을 씁니다.

- **Are you kidding?** 농담이죠?
- **Are you sure?** 확실한 거예요?
- **Don't tell a story.** 말을 꾸미지 말아요.

Answers

① **Excuse** ② **apologize** ③ **sorry** ④ **worry** ⑤ **fault**

Unit 13

응답할 때

상대의 말이나 제안을 듣고 강력한 지지와 찬성을 표현하고 싶다면 **Certainly!**(알았습니다!) / **Exactly!**(확실히 그래요!) / **I hope so.**(그러길 바래요.) 등으로 확실하게 전달해요. 반대로, 만약 찬성할 수 없는데도 아무 말 없이 듣고만 있으면 찬성인 줄 아니까 **That's not correct!**(그건 옳지 않아요!) / **I'm afraid not.**(안 되겠어요.) 등으로 의사표시를 분명하게 하는 것이 중요합니다.

날마다 쓰는 베스트 기본문장 따라 읽기

Step 1 : 원어민 음성 무작정 듣기 | **step 2** : 크게 소리내어 따라 읽기 | **step 3** : 문장의 뜻 확인 하며 다시 읽기 | **step 4** : 혼자서 문장 읽어보기

085 예.

Yes.

086 아니오.

No.

087 네, 부탁합니다.

Yes, please.

088 예, 물론입니다.

Yes, of course.

089 그렇게 생각합니다.

I think so.

090 물론 안 됩니다.

Of course not.

091 확실치는 않아요.

I'm not too sure.

이것만은 꼭 알아두자!

예. / 아니오.

Yes. / No.

A: **Excuse me, doesn't this bus go to City Hall?**
실례지만, 이 버스는 시청에 가지 않습니까?

B: **Yes, it does.**
아뇨, 가요.

부정형으로 질문한 경우 Yes, No의 대답은 긍정형으로 묻는 경우와 동일합니다.

(1) **Does this train stop at City Hall?**　　이 열차는 시청에 섭니까?
　- **Yes, it does.**　　예, 섭니다.
　- **No, it doesn't.**　　아뇨, 서지 않습니다.
(2) **Doesn't this train stop at City Hall?**　　이 열차는 시청에 서지 않죠?
　- **Yes, it does.**　　아뇨, 섭니다.
　- **No, it doesn't.**　　예, 서지 않습니다.

예, 물론입니다.

Yes, of course.

A: **May I take your picture?**
당신 사진을 찍어도 됩니까?

B: **Yes, of course.**
예, 물론입니다.

단순히 Yes, it is.라고만 하지 말고 of course와 같은 표현을 덧붙여봅시다. 그렇게 하면 더욱 자연스런 표현이 됩니다.

- **That's true.**　　맞아요.
- **You are right.**　　맞아요.

KNOW THIS!

- **I think so.**   그렇게 생각해요.
- **I hope so.**   그러길 바라요.

I think so.와 I hope so.는 비슷한 의미이지만 **hope**에는 '기대 · 희망'의 의미가 들어 있습니다.

- **Yes[No], as always.**   예[아니오], 언제라도.
- **I'm afraid not.**   유감이지만 안 되겠습니다.
- **Of course not.**   물론 안 됩니다.

확실치는 않아요.

I'm not too sure.

A: **Was she there?**
그녀는 그곳에 있었습니까?

B: **I don't know. I mean, I didn't see her but somebody else might have.**
모릅니다. 나는 보지 못했지만, 다른 누가 봤을지도 모른다는 말입니다.

'예, 아뇨'라고 확실하게 대답할 수 없는 경우가 일상회화에 흔히 있습니다. 그런 경우에는 오해가 생기지 않도록 다음과 같이 표현하면 됩니다.

- A: **Is this her phone number?**   이것이 그녀의 전화번호입니까?
  B: **I guess so, but I'm not sure.**   그런 것 같은데, 확실치는 않아요.
- **I'm not sure.**   잘 모르겠습니다.
- **I don't know well.**   잘 모르겠습니다.

대화를 들어볼까요?

→ 선희와 잭이 대화하고 있다.

Sunhee : You didn't go jogging* this morning, did you?

Jack : Yes, I did.

Sunhee : I know you wouldn't.

You should keep it up.

Jack : What do you mean, Sunhee?

I said I did.

Sunhee : What?

Jack : I said I did go jogging.

Sunhee : Sorry, I confused* yes with no.

Jack : Don't worry about it.

Those kinds of questions are quite difficult for Korean.

Check Point

go jogging 조깅하러 가다, 조깅하다
confuse 혼동하다 (confuse A with B A와 B를 혼동하다)

DIALOGUE

선희 : 오늘 아침은 조깅하러 가지 않았죠?

잭 : 아뇨, 했어요.

선희 : 하지 않았을 거라고 알고 있었어요. 계속하는 것이 중요해요.

잭 : 무슨 뜻이에요, 선희? 나는 했다고 했어요.

선희 : 뭐라고요?

잭 : 나는 조깅을 했다고 했어요.

선희 : 미안해요. 예스와 노를 혼동했어요.

잭 : 신경 쓰지 마세요. 이런 질문 표현은 한국인에게는 어려워요.

Do you mind if ~?나 부정의 부가의문에서 한국인들은 종종 **Yes**와 **No**를 혼동하지요. 그러나 여기에서 확실히 이해하면 문제는 없어요.

빈칸을 채워보세요

→ 당신은 약속시간에 늦었다. 친구가 이미 와서 기다리고 있지만 한 명이 더 와야 한다.

당신 : **Are we still waiting for somebody?**
우리 아직 누군가를 기다리고 있는 거야?

친구 : **I ①_____ so. Minwoo is coming, too.**
그래. 민우가 올 거야.

당신 : **Minwoo isn't coming here, is he?**
민우는 오지 않을 것 같지 않니?

친구 : **②_____, he sure is. He told me that he would come.**
올 거야. 온다고 했으니까.

당신 : **Minwoo told me to go ahead to the "Wine Restaurant" because he would be late.**
늦으니까 먼저 '와인 레스토랑'에 가 있으라고 민우가 말했어.

친구 : **Aren't we going to the "Tiny Italy"**
'타이니 이탈리아'에 가기로 하지 않았어?

당신 : **No, I'm ③_____ not.**
아니야.

It was you who picked the "Wine Restaurant."
'와인 레스토랑'을 선택한 것은 너야.

EXERCISE

Don't you remember?

기억나지 않니?

친구 : **Oh, I am not** ④

모르겠어.

COLUMN

★ **Yes와 '예'의 미묘한 차이**

영어의 **Yes**는 우리말의 '예'와는 약간 차이가 있습니다. 실제로 **Yes**는 '예'보다는 강한 긍정의 의미가 있습니다.

(1) 맞장구

상대의 말을 들으면서 맞장구로 **Yes, yes**라고 하는 경우가 있는데 이것은 '당신이 말한 것은 맞습니다, 동감입니다.'라는 의미가 강하므로 단순히 '예, 듣고 있습니다.'라는 의미로 맞장구를 칠 경우에는 **Uh-huh**를 사용하는 것이 오해를 일으킬 소지가 적습니다.

(2) 긍정의 Yes

우리말의 '예'를 영어로 바꾸면 **You are right.**(맞습니다.)이나 **I'll do as you say.**(말한 대로 하겠습니다.)라는 의미가 됩니다. 반면에, 영어의 **Yes**는 '나로서는 그렇습니다.' 의미입니다. 그러므로 영어에서는 상대의 질문이 어떻든지 자신이 할 때는 **Yes**, 하지 않을 때는 **No**로 대답하게 됩니다. 부가의문 등에서 **Yes**인지 **No**인지를 모를 경우에는 **Yes** 대신에 **O.K.**를 쓰면 무난합니다.

A : Don't touch my PC. 내 컴퓨터에 손대지 마.
B : O.K., I won't. 알겠어. 손대지 않을게.

그리고 **No** 대신에 **well**을 쓰면 무난합니다.

A : Don't you want a cup of coffee? 커피 마시고 싶지 않아?
B : Well, I don't want it now. 지금은 됐어.

이처럼 **well**을 사용하면 **No**로 대답하는 것보다는 부드러운 표현이 됩니다.

Answers

① think ② Yes ③ afraid ④ sure

Unit 14

주변의 화제로 말을 걸 때

대화를 나누고 싶은 사람에게 어떻게 접근하면 좋을까요? 다짜고짜 터프하게 **Can I have a word with you?**(이야기 좀 할 수 있을까요?)라고 하든 **Beautiful day, isn't it?**(좋은 날씨죠?) 하면서 자연스럽게 말을 걸든 상대의 주의를 끌만한 공통의 화제를 이끌어낼 필요가 있겠죠? 다른 사람들의 대화에 끼어들 땐 **May I interrupt you?**(말씀 중에 잠깐 실례해도 될까요?)라고 먼저 양해를 구하세요.

날마다 쓰는 베스트 기본문장 따라 읽기

Step 1 : 원어민 음성 무작정 듣기 　 **step 2** : 크게 소리내어 따라 읽기 　 **step 3** : 문장의 뜻 확인 하며 다시 읽기 　 **step 4** : 혼자서 문장 읽어보기

092　잠깐만 얘기 좀 할 수 있을까요?

Can I have a few words with you?

093　뭐 좀 물어 봐도 될까요?

May I ask you something?

094　정말 덥죠?

Too hot, isn't it?

095　좋은 날씨죠?

Beautiful day, isn't it?

096　일은 어때요?

How is your work?

097　경치가 멋지죠?

What a nice view, isn't it?

098　좋아하는 스포츠는 뭡니까?

What's your favorite sport?

이것만은 꼭 알아두자!

좋은 날씨죠?

Beautiful day, isn't it?

A: **Good morning, Bill.** 안녕하세요, 빌.

B: **Hi, there. How are you?** 안녕하세요. 어떻게 지내세요?

A: **Very well, thank you. How are you?** 아주 좋아요. 덕분에요. 당신은 어때요?

B: **Just fine. Say, it's awfully windy.** 좋아요. 그런데 바람이 세군요.

A: **It sure is.** 그래요.

날씨에 관한 표현을 몇 가지 들어봅시다.

- **Beautiful day, isn't it?** 좋은 날씨죠?
- **Too hot, isn't it?** 정말 덥죠?
- **Lovely evening, isn't it?** 멋진 저녁이죠? 〈여성적인 표현〉
- **It's going to snow all day.** 종일 눈이 내릴 것 같군요.
- **It looks like rain.** 비가 올 것 같군요.

이처럼 부가의문이 많이 쓰입니다.

일은 어때요?

How is your work?

A: **Good afternoon.**
안녕하세요.

B: **Oh, good afternoon.**
안녕하세요.

KNOW THIS!

> A: **How was your weekend?**
> 주말은 어땠어요?
>
> B: **Great! I went to Busan with my wife.**
> 즐거웠어요. 아내와 부산에 갔다 왔어요.

이와 같이 서로의 근황을 화제로 하는 것도 좋습니다.

- **How is your work?** 　　　　　　　　　　일은 어때요?
- **How was the result of the examination?** 　시험 결과는 어땠어요?
- **How is your sister these days?** 　　　　요즘 여동생은 어때요?

좋아하는 스포츠는 뭡니까?

What's your favorite sport?

> A: **Hey, did you see that TV drama yesterday?**
> 어제 그 텔레비전 홈드라마 봤니?
>
> B: **Yes, of course I did. I had not expected such a plot at all.**
> 물론, 봤어. 그런 줄거리는 전혀 예상하지 못했어.

서로 친근한 사이라면 공통의 화제를 꺼내는 것도 좋습니다.

- **Have you bought the new CD of Princess?** 　프린세스의 새 CD 샀니?
- **Do you still play tennis like you used to?** 　아직도 테니스 치니?
- **Are you improving your skill of chess?** 　　체스 실력은 많이 늘었니?

대화를 들어볼까요?

→ 미라는 영어회화 선생인 스미스 씨를 길에서 우연히 만났다.

Mira : Good morning, Mr. Smith.

Mr.Smith : Good morning, Mira.

How are you?

Mira : Very well. How are you?

Mr.Smith : Fine, thank you.

Mira : It's very cold this morning, isn't it?

Mr.Smith : Yes, but the weather's beautiful.

Mira : It sure is.

The weather forecast* says it will be fine until tomorrow.

Mr.Smith : That's good.

So how was your weekend?

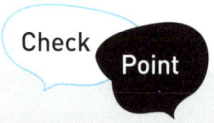

weather forecast 일기예보　**fall** 가을　**scenery** 경치, 풍경

DIALOGUE

Mira : Great. I had a nice weekend.

I went to Mt. Sorak with my family.

Mr.Smith : Mt. Sorak! I heard Mt. Sorak is beautiful in the fall*.

Mira : Yes, the scenery* was wonderful.

미라	: 스미스 선생님, 안녕하세요.
스미스 선생	: 미라, 안녕. 잘 지내니?
미라	: 예, 덕분에요. 선생님은 어떠세요?
스미스 선생	: 잘 지내, 고마워.
미라	: 오늘 아침은 꽤 춥죠.
스미스 선생	: 그러게, 하지만 날씨는 좋다.
미라	: 맞아요. 일기예보도 내일까지는 날씨가 좋을 거라고 하더군요.
스미스 선생	: 잘됐다. 그런데 주말은 어땠니?
미라	: 예, 멋진 주말이었어요. 가족과 설악산에 갔었어요.
스미스 선생	: 설악산! 설악산은 가을에 멋지다고 하더라.
미라	: 예, 경치가 멋졌어요.

화제를 꺼낼 때는 친구 이야기나 텔레비전 이야기 등 주변에 있는 화제가 좋겠지요.

빈칸을 채워보세요

→ 아침 열차를 타고 직장 상사와 함께 출근하고 있다.

1 먼저 날씨를 화제로 이야기해보자.

당신 : **Good morning, Mr. Kim.**
안녕하세요, 김 선생님.

상사 : **Good morning.**
안녕하세요.

당신 : **It's a ①_____ day, isn't it?**
좋은 날씨군요.

상사 : **Yes, it sure is. I wish it was Sunday.**
예, 그래요. 오늘이 일요일이었으면 좋겠네요.

2 상사의 딸의 안부를 물어보자.

당신 : **②_____ is your daughter?**
따님은 건강합니까?

상사 : **She's doing fine. She is now a first-grade student of the primary school.**
건강합니다. 지금 초등학교 1학년이에요.

당신 : **It's been two years since I met her. She must be much taller.**
만난 지가 2년 되었군요. 키도 많이 컸겠지요.

상사 : **Yes, she sure is.**
예, 많이 컸어요.

EXERCISE

3 최근 당신과 상사는 인터넷에 빠져 있다.

당신 : [③] you still working on your home page?

홈페이지 만드는 일에 아직 바쁘십니까?

상사 : **Yes. Actually I'm struggling with my computer every weekend.**

예. 요즈음은 매 주말에 컴퓨터와 싸우고 있어요.

당신 : **So am I.**

저도요.

C O L U M N

★ and를 바르게 쓰는 법

(1) **I and you**가 아니라 **you and I**

and로 항목을 나열하는 데에도 순서가 있습니다. **you**와 **I**는 **you**를 먼저 말합니다. 이것은 타인에 대한 경의를 나타내는 것으로 사과할 때는 **I and my wife do apologize ~**.라고 먼저 **I**를 앞으로 꺼냅니다. 또한 낮과 밤일 경우에는 **day and night**이 됩니다. 결코 **night and day**라고는 하지 않습니다.

(2) 셋 이상의 항목을 나열하는 경우

맨 마지막 항목 앞에 **and**가 옵니다. 예를 들면 **the sun, the moon, and the stars** 라고 하는 경우 보통 **and** 앞에 콤마를 붙입니다.

(3) **and** 뒤의 생략

미국 구어에서 모두 아는 음식의 합성어에는 후자를 생략하는 경우도 있습니다.
- **ham and** 햄앤 에그 (뒤에 **eggs**가 생략)
- **coffee and** 커피와 도넛 (뒤에 **doughnut**이 생략)

Answers

① **beautiful / fine / lovely** 등   ② **How**   ③ **Are**

학습일

Unit 15

작별인사를 할 때

인생은 만나고 헤어지는 일상의 반복입니다. 만날 때 인사가 다양한 것처럼 헤어질 때 하는 인사도 무척 다양합니다. 내일 다시 만날 사람에게 하는 인사, 오랜만에 만나서 언제 다시 보게 될지 모르는 사람에게 하는 인사, 멀리 여행을 떠나는 사람을 전송하는 인사 등 상황에 따라, 상대에 따라 다양하므로 **Good bye.**(안녕히 가세요.) / **See you later.**(나중에 봐요.) / **Take care.**(살펴 가세요.) 등 관용 표현을 익히는 건 필수!

Have a good time.

날마다 쓰는 베스트 기본문장 따라 읽기

Step 1 : 원어민 음성 무작정 듣기
step 2 : 크게 소리내어 따라 읽기
step 3 : 문장의 뜻 확인 하며 다시 읽기
step 4 : 혼자서 문장 읽어보기

099 안녕히 가세요.
Good bye.

100 만나서 반가웠어요!
Nice meeting you!

101 이야기 즐거웠습니다.
Nice talking to you.

102 즐거웠습니다.
I had a good time.

103 미안하지만, 가야 해요.
I'm afraid I have to be going.

104 나중에 봐요.
See you later.

105 오늘은 여기까지 합시다.
Let's stop here for today.

이것만은 꼭 알아두자!

미안하지만, 가야 해요.

I'm afraid I have to be going.

A : **Let's go for a cup of coffee.**   커피 한 잔 하러 갑시다.

B : **I'm afraid I have to go.**   미안하지만, 가야 해요.

A : **All right. Maybe next time, then.**   그래요. 그럼 다음에 하죠.

헤어질 때의 표현에는 다음과 같은 것들이 있습니다.

- **I'm afraid I have to say good-bye. / I really must go now.**

강한 어법이므로 주의해야 합니다.

- **Well, it's getting late. I've really got to go.**

일상회화에서는 I've gotta[got to] go. 나 Gotta go. 라고 합니다. 〈격의 없는 표현〉

여기까지 합시다.

That's all for now.

A : **That's all for now.**   여기까지 합시다.

    Thank you for your time.   시간 내주셔서 감사합니다.

B : **What about this new issue?**   새 안건 어떻게 생각해요?

A : **Let's hold a meeting again tomorrow morning.**
    내일 아침 다시 회의를 엽시다.

무엇인가를 하다가 그것을 마치는 표현입니다. 한국인이 자주 틀리는 표현으로 Let's finish this work. 가 있습니다. 이것은 '중단하자'가 아니라 '끝내자'라는 의미입니다. 이때는 Let's leave[knock] off work now. 라고 합니다.

KNOW THIS!

- **I think that's everything. / That's about it.** 이것으로 마칩시다.
- **That's all for today. / Let's call it a day.** 오늘은 이만 합시다.

또 만나요.

See you later.

A: **I'm sorry I have to go. See you later.**
가야 할 것 같습니다. 또 만나요.

B: **All right. See you around.**
예. 또 만나요.

헤어질 때의 인사로는 Good-bye.뿐만 아니라, 다양한 표현이 많은 것이 영어의 특징입니다.

- **Until the next time.** 다음에 만날 때까지.
- **Have a nice weekend.** 좋은 주말을.
- **Best wishes to your wife. /** 부인에게 안부 전해 주세요.
  Please give my regard to your wife.
- **We had a good time.** 즐거웠습니다. 〈과거형에 주의〉
- **Nice talking to you.** 이야기 즐거웠습니다.
- **Great seeing you. / It was nice seeing you.**
  만나서 즐거웠어요. 〈과거형에 주의〉

대화를 들어볼까요?

→ 미라와 케이트는 이야기에 열중해서 시간이 가는 줄 몰랐다.

Kate : Oh, it's ten o'clock already.

I'm afraid I have to say good-bye*.

Mira : Oh, so soon?

Can't you stay a little longer?

Kate : Sorry, I have to go.

I have a bus to catch.

Mira : Well, it was nice chatting* with you.

Kate : Thank you.

I had a very nice time.

Mira : Thanks for coming.

Kate : O.K., see you later.

Mira : Take care. So long!

say good-bye 작별 인사를 하다   **chatting** 담소, 한담, 잡담

DIALOGUE

케이트 : 아, 벌써 10시예요. 작별인사를 해야 할 것 같아요.
미라　 : 이렇게 빨리요? 좀 더 있다 가면 안돼요?
케이트 : 미안하지만, 이젠 가야 해요. 버스 시간이 없어요.
미라　 : 이야기 즐거웠어요.
케이트 : 고마워요. 매우 즐거운 시간이었어요.
미라　 : 와 주셔서 고마워요.
케이트 : 그럼 또 만나요.
미라　 : 몸조심하세요. 안녕!

대화가 한창 무르익었는데 '돌아가겠습니다.'라고 말하는 것은 어려운 일이지요. 어렵지만 능숙하게 표현해 보세요.

빈칸을 채워보세요

→ 오늘은 금요일, 송년회 참석을 위해 정시에 일을 마치려고 열심이다.

1 퇴근시간이 가까운데 일이 아직 남아 있다.

상사 : **Let's ① _____ it a day.**
자, 오늘은 마칩시다.

It seems that we are going to leave off whatever we have.
오늘은 일이 남았어도 마쳐야 할 것 같습니다.

당신 : **Yes, you are right.**
예, 맞습니다.

We should get out of here before we get another phone call.
다른 전화가 오기 전에 퇴근해야겠어요.

2 1차 후 당신은 동료를 권유해서 노래방에 가려고 하지만 동료는 집이 멀어서 귀가해야 한다.

당신 : **Let's go Noraebang with me.**
함께 노래방에 갑시다.

동료 : **I'm ② _____ I've got to go now.**
돌아갈 시간이야.

Otherwise I'll miss the last train.
그러지 않으면 막차를 놓치겠어.

EXERCISE

3 2차가 끝나고 당신은 귀가한다. 동료들에게 인사를 해보자.

당신 : **I'm sorry, but I have to go. See you next week.**

이제 가봐야 해. 다음 주에 만나.

동료 : **See you. Have a nice ③ ⬜ .**

또 만나. 주말 잘 지내.

당신 : **You, too. Good night.**

너도. 잘 가.

COLUMN

★ **I, you, we의 사용법**

영어에서 주어의 사용에 주의해야 합니다. 어떤 한국인 사원이 우리말로 '당사는 ~'이라는 의미로 **my company**를 썼다가 상대 외국인이 '당신이 사장이세요?'라고 되묻는 해프닝이 있었다는 이야기가 있습니다. 이때는 **The ~ company** 등으로 하면 좋겠고 또한 자본을 출자한 주주에 대해서는 **your company**라고 합니다.

가전제품 등의 취급설명서에 '본 제품은 ~'의 표현에는 **your machine**을 쓰고 있는데 이것은 '산 뒤에는 사용자의 소유물'이라는 의식이 들어 있기 때문입니다.

의사가 어린아이에게 증상을 묻는 경우에는 **How are we doing today**?라고 **we**를 씁니다. **you**가 아니라 **we**를 씀으로서 '의사와 함께 아픈 것을 고치자'라는 뉘앙스가 들어 있습니다. 또한, 강연 등에서도 화자는 청중과의 일체감을 주기 위해 **I, you** 대신에 **we**를 흔히 씁니다.

영어권에서는 자기를 주장하는 것을 초등학교 시절부터 교육합니다. **It seems ~**.나 **It appears ~**.보다도 **I think ~**. / **I believe ~**. 등을 쓰도록 하고 있으며, **I**를 대문자로 쓰는 이유도 여기에 있는 것 같습니다.

Answers

① **call**   ② **afraid** (otherwise '~하지 않으면'이라는 의미)   ③ **weekend**

Unit 16

만나서 인사를 주고받을 때

만나면 일단 안부를 물어야죠? **How have you been?**을 요즘은 **have**를 빼고 **How you been?**으로 간편하게 사용하기도 합니다. 오랜만에 만났을 땐 흔히 **I haven't seen you for a while.**(오랜만입니다.)이라고 하는데 좀 딱딱한 느낌이 드니까, 친한 사이에서는 **Long time no see.**를 많이 씁니다.

날마다 쓰는 베스트 기본문장 따라 읽기

Step 1 : 원어민 음성 무작정 듣기
step 2 : 크게 소리내어 따라 읽기
step 3 : 문장의 뜻 확인 하며 다시 읽기
step 4 : 혼자서 문장 읽어보기

106　오랜만이네요.

Long time no see.

107　어떻게 지내세요?

How are you doing?

108　어떻게 지내셨어요?

How have you been doing?

109　요즘 어때?

What's up?

110　잘 지내?

What's new?

111　없어요.

Nothing.

112　잘 지내고 있어요?

How's it going?

이것만은 꼭 알아두자!

어떻게 지내세요?

> **How are you doing?**
>
> A : **How are you doing?**
> 어떻게 지내세요?
>
> B : **I'm fine.**
> 잘 지내요.

친구 · 동료 사이의 격의 없는 인사. How are you?보다 친근한 느낌이 있는 표현입니다. How are you?가 진행형으로 되어 '어떻게 지내고 있어요?'라는 의미가 됩니다. 대답은 I'm fine. 등으로 합니다. 매우 친하게 지내는 사이라면 O.K. Good. 이나 Not bad. / Pretty good. 등도 괜찮습니다. 이와 같은 how를 이용한 일상의 인사를 소개해 보면 모두 의미는 How are you doing?과 같지만 더욱 격의 없는 표현입니다.

- **How you doing?** (위의 표현에서 be동사가 생략된 것)
- **How have you been?**
- **How is everything?**

안녕하세요.

> **Hello ~. / Hi ~.**
>
> A : **Hello, Misun.**
> 안녕하세요, 미선.
>
> B : **Oh! Hello, Bob.**
> 안녕하세요, 밥.

친한 사이에 가장 많이 사용되는 인사가 이 Hello.와 Hi. 입니다. 단순히 Hello.라고만 하지 말고 뒤에 이름을 붙여서 말하는 것이 좋습니다. Hello.보다 Hi.가 더욱 격의 없는 표현입니다.

KNOW THIS!

what을 이용한 인사

A: **What's happening?** 무슨 일 있어요?
B: **Not much.** 아뇨. 별다른 일 없어요.

A: **What's new?** 잘 지내요?
B: **Nothing.** 별거 없어요.

A: **What's up?** 어땠어요?
B: **(It's) So so.** 그저 그래요.

What's happening?과 What's new?는 의미가 같습니다. 특별한 다른 일이 없는 경우의 대답은 Not much. 또는 Nothing.으로 합니다. 한편 What's up?은 How have you been?과 같은 의미이지만 보다 격의 없는 표현입니다. 친구나 동료 사이에서 흔히 쓰는 표현 중 하나입니다.

대화를 들어볼까요?

→ 아침에 미라는 서점에서 우연히 잭을 만났다.

Mira : Good morning, Jack.

Jack : Oh, good morning, Mira.

How are you doing?

Mira : Pretty good. And you?

Jack : Just fine, Mira.

Are you waiting for somebody?

Mira : No, I'm just killing time*.

Jack : How about a cup of coffee and a chat*?

I know a nice coffee shop.

Mira : Good idea.

Jack : I'll treat you*.

kill time (시간을) 소비하다, 허비하다 **chat** (마음을 터놓고 하는) 대화, 느긋한 담화
I'll treat you. 한턱내다, 내가 지불하겠다.

DIALOGUE

미라 : 안녕하세요, 잭.
잭 : 안녕하세요, 미라. 어떻게 지내고 있어요?
미라 : 잘 지내고 있어요. 당신은 어때?
잭 : 좋아요, 미라. 누굴 기다리고 있어요?
미라 : 아뇨, 시간을 보내고 있어요.
잭 : 커피라도 마시면서 이야기하는 게 어때요? 좋은 커피숍 알고 있어요.
미라 : 좋아요.
잭 : 내가 살게요.

회화의 기본은 인사입니다. 여기서는 서로 잘 알고 있는 사이니까 격의 없이 대화하고 있지요. 이런 경우에는 **Hi**. 또는 **Hello**.가 자주 쓰입니다.

빈칸을 채워보세요

→ 당신은 친한 친구를 우연히 만났다.

1 빈 칸에 **how**를 이용해서 인사를 해보자.

당신 : ①　　　　　　　　　　　　　　

건강은 어떻습니까?

친구 : **Just fine, thank you.**

덕분에 건강합니다.

2 빈 칸에 **what**을 이용해서 인사를 해보자.

당신 : ②　　　　　　　　　　　　　　

건강은 어때요?

친구 : **Good.**

좋아요.

3 빈 칸에 인사를 받았을 때의 대답을 넣어보자.

친구 : **How are you doing?**

어떻게 지내요?

당신 : a) 모든 게 좋아요. → ③　　　　　　　　　

b) 좋아요, 덕분에. → ④　　　　　　　　　

c) 그저 그래요. → ⑤

EXERCISE

COLUMN

★ 출생연대별 남녀 인기 이름

시대에 따라서 이름의 인기가 변하는 것은 미국도 우리와 다를 바 없습니다. 미국에서의 이름의 인기 순위를 알아보면 아래와 같습니다.

순위	2000년대 남	2000년대 여	1980년대 남	1980년대 여	1960년대 남	1960년대 여
1	Jacob	Emily	Michael	Jessica	Michael	Lisa
2	Michael	Madison	Christopher	Jennifer	David	Mary
3	Matthew	Hannah	Matthew	Amanda	John	Karen
4	Joshua	Ashley	Joshua	Ashley	James	Susan
5	Christopher	Alexis	David	Sarah	Robert	Kimberly
6	Nicholas	Samantha	Daniel	Stephanie	Mark	Patricia
7	Andrew	Sarah	James	Melissa	William	Linda
8	Joseph	Abigail	Robert	Nicole	Richard	Donna
9	Daniel	Elizabeth	John	Elizabeth	Thomas	Michelle
10	William	Jessica	Joseph	Heather	Jeffrey	Cynthia

Answers

① **How are you? / How have you been? / How (are) you doing?** 등 ② **What's up?**
(대답이 Good.이므로 What's happening?이나 What's new?는 아니다.) ③ **Everything is fine.**
④ **Fine, thank you.** ⑤ **It's so so.**

간단한 의문을 나타낼 때

가벼운 질문이나 의심스러운 일을 상대에게 확인하고 싶을 때 가장 쉽게 표현하는 방법은 '부가의문문'입니다. '부가의문문'이 뭐냐고요? 앗, 드디어 문법? 걱정 마세요. **"내 말 맞지, 안 그래?"** 식으로 그냥 평서문 뒤에 확인 사살한다고 생각하면 쉽습니다. 앞문장이 긍정이면 부정으로 묻고, 앞문장이 부정이면 긍정으로 묻는다는 것만 주의하면 끝!

날마다 쓰는 베스트 기본문장 따라 읽기

Step 1 : 원어민 음성 무작정 듣기
step 2 : 크게 소리내어 따라 읽기
step 3 : 문장의 뜻 확인하며 다시 읽기
step 4 : 혼자서 문장 읽어보기

113　내 말이 맞지, 안 그래?

I'm right, am I not?

114　그거 네가 그랬지?

You did it, didn't you?

115　피자가 당신 주문 맞지요?

Pizza is your choice, is that right?

116　재미있을 것 같지 않아요?

Looks like fun, doesn't it?

117　그렇게 생각하지 않으세요?

Don't you think?

118　성함이 어떻게 되세요?

May I have your name?

119　콘서트에 갈 거죠?

You'll go to the concert, won't you?

이것만은 꼭 알아두자!

~할 거죠?

~, won't you?

〈긍정 + 부정 패턴〉

A : **You'll go to the concert, won't you?**
콘서트에 갈 거죠?

B : **Yes, I will. / No, I won't.**
예, 갈 겁니다. / 아뇨, 가지 않을 겁니다.

〈부정 + 긍정 패턴〉

A : **You won't go to the concert, will you?**
콘서트에 가지 않을 거죠?

B : **Yes, I will. / No, I won't.**
아뇨, 갈 겁니다. / 예, 가지 않을 겁니다.

부가의문에 대한 대답은 혼동하기 쉬우므로 주의해야 합니다. 질문 형태가 〈긍정 + 부정〉이든 〈부정 + 긍정〉이든 관계없이 대답의 내용이 긍정이면 **Yes, ~,** 부정이면 **No, ~.** 입니다. 우리말식으로 Yes, I won't. 나 No, I will. 등으로 대답하지 않도록 주의해야 합니다. 내용에 확신이 없거나 의문을 포함하는 부가의문은 말끝을 올리며, 말끝을 내리는 경우는 내용에 확신이 있고 확인하는 느낌이 됩니다.

평서문의 말끝을 올려서 의문을 나타낸다.

- **You like this song? (↗)**
  이 노래 좋아해요?

- **You understand what I mean? (↗)**
  내가 말하는 것을 알겠어요?

평서문을 말끝을 올려서 말하면 간단히 의문을 나타낼 수 있습니다. 이것은 우리말에서도 같습니다. 또한 **Chocolate? (↗)** 등으로 말끝을 올려서 말하면 '초콜릿 어때?'라고 권하는 표현이 됩니다. 이와 비슷한 표현으로 평서문 뒤에 **(is that) right?**

KNOW THIS!

또는 huh? 등을 붙여 의문을 나타낼 수 있으며 이것을 확인하는 느낌이 있는 표현이 됩니다.

- **Pizza is your choice, is that right?**
  피자가 당신 주문 맞지요?

- **Jane is a great pianist, do you think so?**
  제인은 훌륭한 피아니스트죠, 그렇게 생각하죠?

Wh- 의문사를 사용하지 않은 의문 표현

- **May I have your name?**
  성함이 어떻게 됩니까?

  → **What's your name?**

- **Do you know where the CD shop is?**
  CD가게는 어디에 있습니까?

  → **Where is the CD shop?**

상대의 이름을 물을 때에 **What's your name?**이라고 하면 업무상의 질문처럼 무뚝뚝하게 들립니다. 한국인이 영어를 하는 경우에 자주 지적되는 점입니다. 이럴 때 **May I have your name, please?**라고 하면 부드럽게 묻는 표현이 됩니다. **Where is the CD shop?** 보다는 **Do you know where the CD shop is?**라고 묻는 경우도 마찬가지입니다.

 대화를 들어볼까요?

→ 민호와 잭이 회전초밥 집에 있다.

Jack : Oh, this is an interesting place.

Look! The sushi is in boats!

Minho, what kind of sushi is this?

Minho : It's mackerel*.

What kind of sushi do you like?

Jack : Well, I know California rolls.

I had it in Los Angeles.

Minho : Really?

But they don't have California rolls here.

Can you eat raw* fish?

Jack : Sure, I especially* like tuna, how about you?

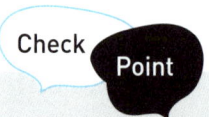

mackerel 고등어   raw 날것의, 원재료 그대로의
especially 특히   piece (여기에서는) 초밥 1개

DIALOGUE

Minho : **Yes. Me too.**

This place has good sushi, don't you think?

Jack : **Sure, but this piece* has too much mustard. Ugh!**

잭 : 아, 재미있는 곳이군요. 봐요! 배가 초밥을 나르고 있어요.
민호, 이 초밥은 뭐지요?

민호 : 고등어예요. 어떤 초밥을 좋아해요?

잭 : 캘리포니아롤은 알고 있어요. 로스앤젤레스에서 먹어 봤어요.

민호 : 그래요? 그런데 여기에 캘리포니아롤은 없어요.
회를 먹을 수 있어요?

잭 : 예. 참치 회는 특히 맛있어요. 당신은 어때요?

민호 : 나도 좋아해요. 이 가게의 초밥은 맛있어요.
그렇게 생각하지 않아요?

잭 : 예, 그런데 이 초밥은 겨자를 너무 많이 넣은 것 같아요. 으!

외국인은 한국인들의 질문을 직무상 질문처럼 딱딱하게 느낀다고 해요. 부드러운 말투가 되도록 신경 써 주세요.

빈칸을 채워보세요

→ 당신은 친구의 결혼 파티에 초대되어 남자 친구와 함께 가려고 한다.

1 빈 칸에 can을 이용한 부가의문을 넣어보자.

당신 : I can take my boyfriend with me, ① _____ ?
남자 친구를 데리고 가도 되죠?

친구 : Why not?
물론이죠.

2 빈 칸에 어구를 보충해서 확인하는 의문문을 만들어보자.

당신 : We may be a little bit late, ② _____ ?
우리 좀 늦을 것 같지요?

친구 : Sure, but come quick.
예, 서두릅시다.

3 파티의 접수처에서 이름을 물어 본다. "wh"를 쓰지 않고 빈 칸에 알맞은 말을 넣어보자.

접수 : ③ _____ your name, please?
성함을 말씀해 주시겠습니까?

당신 : It's Sunhee, a friend of the bride's.
선희입니다. 신부측 친구입니다.

EXERCISE

C|O|L|U|M|N

★ 별칭 / 애칭

영어 이름에는 여러 가지 애칭이 있습니다.

애칭	정식 이름
Jenny, Jennie, Jen (여)	Jennifer
Kay, Kit, Kitty (여)	Kate, Kathie, Kathy, Katie, Katharine, Kathryn
Lucy (여)	Lucil, Lucinda
Chris (여)	Christina, Christine
Chirs (남)	Christopher
Jim, Jimmy, Jimmie (남)	James
Ben (남)	Benjamin
Bill (남)	William
Bob (남)	Robert

무명 씨는 영어에도 있습니다.

우리나라에서 이름을 모르는 사람을 '모 씨' 또는 '무명 씨'라고 하거나 서류에는 가명으로 '김모' 또는 '이모' 등을 쓰는데 영어에도 이것과 같은 말이 있습니다. 남성에게는 **John Doe**, 여성에게는 **Jane Doe wo**를 씁니다. 영화나 소설 등에 자주 나오므로 꼭 알아두세요.

Answers

① **can't I** ② **is that all right / is it O.K. with you** 등
③ **May I have / Could I ask for** (이렇게 말하면 부드러운 질문이 된다.)

Unit 18

활기차게 대화할 때

말을 할 때 **just**나 **only**, **a little** 같은 부사나 형용사를 사용하면 의미가 분명해지고, 부드러워지거나 자연스러워지거나 풍부해지는 효과가 있습니다. 대부분의 서양 사람들은 자신의 의견을 애매하게 얼버무리지 않고 정확하게 표현합니다. 우리 식으로 상대를 배려한답시고 똑부러지게 얘기하지 않고 말을 흐리면 그들은 당장 고개를 갸웃거리게 되죠. 어, 이건 뭐지? 생생하고 활기찬 대화를 원한다면 의사표시를 정확하게 하는 습관을 들입시다!

I'm sure I paid the fee.

날마다 쓰는 베스트 기본문장 따라 읽기

Step 1: 원어민 음성 무작정 듣기
step 2: 크게 소리내어 따라 읽기
step 3: 문장의 뜻 확인 하며 다시 읽기
step 4: 혼자서 문장 읽어보기

120 지금 당장은 아주 바빠요.

I'm busy just now.

121 그냥 농담이었어요.

I was only joking.

122 잠깐 이걸 봐 주세요.

Just have a look at this.

123 도와드릴 게 조금도 없나요?

You don't want a little help?

124 곧 갈게요.

I'll be right there.

125 틀림없이

I'm sure I paid the fee.

126 전적으로 동감입니다.

I totally agree with you.

이것만은 꼭 알아두자!

just

A:	**Are you free?**	지금 시간 있어요?
B:	**I'm busy just now.**	지금 당장은 아주 바쁩니다.
A:	**Did you find a raccoon?**	너구리 봤어요?
B:	**Yes, just over there.**	예, 바로 저쪽에서요.
A:	**My video camera didn't work.**	비디오카메라가 고장 났어요.
B:	**Wait, it just might work.**	기다려 봐요. 곧 작동할지도 모르니까요.

just는 '바로, 틀림없이, 꼭'의 의미 외에 이와 같이 '이제 방금, 겨우'라는 의미로도 쓰입니다. just를 사용한 것만으로도 생생한 표현을 할 수 있습니다. 또한, 명령형에 써서 의미를 부드럽게 합니다.

- **(Wait) Just a moment, please.** 잠깐만 기다려 주십시오.
- **Just have a look at this.** 잠깐 이걸 봐 주세요.

only

A:	**What are you saying?**	뭐라고 하는 거예요?
B:	**I was only joking.**	그냥 농담이었어요.
A:	**When did you see Chulsu lately?**	최근 언제 철수를 만났어요?
B:	**I saw him only yesterday.**	바로 어제 만났어요.

간단히 I was joking.이라고 하지 않고 only를 덧붙이면 의도하고 말한 게 아니라 '무심코 입에서 나온'이라는 느낌이 있는 부드러운 말이 됩니다. 두 번째 대화에서는 최근이라는 점을 강조하기 위해 only를 사용한 것입니다.

KNOW THIS!

quite / totally

A: **How did you find my homework this time?**
이번 내 숙제는 어때요?

B: **Quite satisfactory.**
상당히 잘 되었어요.

A: **What's your opinion?**
당신 의견은 어때요?

B: **I totally agree with you.**
전적으로 동감입니다.

quite, totally는 모두 화자의 의견을 강조하는 말입니다. 이 외에 sure, certainly, right, old 등이 있습니다.

- **I'm sure I paid the fee.**   틀림없이 요금을 지불했습니다.
- **He will certainly be here.**   그는 반드시 여기에 올 겁니다.
- **I'll be right there.**   곧 가겠습니다.
- **We had a fine old time.**   매우 즐겁게 지냈습니다.

 대화를 들어볼까요?

→ 미라와 케이트가 레스토랑에서 식사하고 있다.

Kate : Wow, this looks good.

What is it?

Mira : It's couscous, originally* an African dish*.

Just try it.

Kate : It's good.

Mira : Please pass me the salt.

Kate : Here you are.

Mira, isn't this crocodile* good?

Mira : It sure is.

Shall we have more?

Kate : Just a little.

I'm getting full*.

originally 원래는, 처음에는   dish (접시에 담긴) 요리
crocodile 악어 (종류에 따라 alligator라고도 한다.)   full 가득, 잔뜩

DIALOGUE

케이트 : 와, 맛있을 것 같다. 이게 뭐지?
미라 : 쿠스쿠스예요. 원래는 아프리카 요리예요. 한번 먹어봐요.
케이트 : 맛있군요.
미라 : 미안하지만 소금 좀 집어 주겠어요?
케이트 : 여기 있어요. 미라, 이 악어요리 맛있지 않아요?
미라 : 그럼요, 맛있어요. 더 먹을까요?
케이트 : 조금만 더요. 배가 부르거든요.

이와 같이 **just**나 **only**를 사용하면 표현이 자연스럽게 되어 회화다운 표현이 됩니다. 또한 **a little**이나 **just** 등은 표현을 부드럽게 하는 효과도 있어요.

빈칸을 채워보세요

→ 친구와 전화로 이야기하고 있는 중에 다른 전화가 걸려 왔다.

1 빈 칸에 **just**를 이용해서 '잠깐만'이라는 표현을 만들어보자.

당신 : **Oh, I got another call. Would you please hold on ① ⬚ ?**

다른 전화가 왔어요. 잠깐 기다려 주시겠어요?

친구 : **All right.**

좋아요.

2 빈 칸에 **only**를 이용해서 '단지, 그저'라는 표현을 만들어보자.

친구 : **Who was it?**

누구였어요?

당신 : **Nobody.** ② ⬚ **a sales call or something.**

아무도 아니에요. 단지 세일즈맨인가 뭔가 하는 사람이에요.

3 빈 칸에 **quite**를 이용해서 '꽤'라는 표현을 만들어보자.

당신 : **What time is it?**

지금 몇 시에요?

친구 : **It's** ③ ⬚ **, almost twelve midnight.**

꽤 늦은 것 같군요. 거의 밤 12시가 다 됐어요.

EXERCISE

당신 : **I always forget time when I talk to you.**

당신과 얘기하면 항상 시간 가는 줄 모르겠군요.

Oh, I got another call.

아, 다른 전화가 있네요.

COLUMN

★ 의성어

의성어 중 사람이 내는 소리에 관한 것을 소개하면 다음과 같습니다.

• 놀람 / 불쾌한 기분	aw, oh
• 지루할 때	oh well, ho hum
• 고통스러운 소리	ouch, ow
• 큰 웃음소리	guffaw, heehaw, ha-ha-fa, har-har-har
• 딸꾹질	hiccup, hic
• 트림	burp
• 기침	ahem, hem
• 놀람	ulk, erp, yipe, yike
• 기침	coff-coff
• 재채기	achoo, kachoo
• 탄식	sigh
• 감동	ho, ha
• 조용히!	shhh, hush, shush

Answers

① **just a while / just a minute** 등 ② **It was only** ③ **quite late**

Unit 19

날짜와 시간을 말할 때

날짜와 시간, 요일, 몇 년, 몇 월 등의 때에 관한 표현은 언제 어디서라도 입에서 바로 나올 수 있도록 철저하게 익혀두시기 바랍니다. 가장 기본적인 표현 **What time is it now?**(지금 몇 시죠?) / **What day is it today?**(오늘이 무슨 요일이죠?) / **What date is it today?**(오늘은 며칠이죠?) / **What month is it?**(몇 월이죠?) 정도는 지금 바로 본 김에 외워둡시다.

What time is it now?

날마다 쓰는 베스트 기본문장 따라 읽기

Step 1: 원어민 음성 무작정 듣기 **step 2**: 크게 소리내어 따라 읽기 **step 3**: 문장의 뜻 확인하며 다시 읽기 **step 4**: 혼자서 문장 읽어보기

127 지금 몇 시죠?

What time is it now?

128 오늘이 무슨 날이죠?

What's the occasion?

129 오늘은 며칠이죠?

What date is it today?

130 오늘이 무슨 요일이죠?

What day is it today?

131 몇 월이죠?

What month is it?

132 올해는 몇 년도 입니까?

What year is this?

133 지금 몇 시예요?

Do you have the time?

이것만은 꼭 알아두자!

시각

at

A: **When are you coming here?** 언제 여기에 올 겁니까?
B: **I'll be there at 8.** 8시에 그곳에 가겠습니다.

이와 같이 몇 시 몇 분이라는 시각 표현에 사용하는 전치사가 **at**입니다. 아침, 점심, 저녁이라는 시간대 표현에도 at midnight, at lunchtime 등으로 **at**을 사용합니다. 또한, 경축일을 나타내는 경우에도 at Christmas처럼 **at**을 씁니다.

- **We must go home at Christmas.** 크리스마스에는 집에 돌아가야 합니다.

at을 **by**로 바꾸면 '~까지'라는 의미가 됩니다.

- **I'll be there by 8.** 8시까지는 그곳에 가겠습니다.

요일과 날짜

on

- **We got married on March 12th.**
  우리는 5월 12일에 결혼했습니다.
- **I'll see you again on the 19th.**
  19일에 또 만나요.
- **I'm off on Fridays.**
  매주 금요일은 비번입니다.

이처럼 날짜나 요일을 표현하는 데 쓰는 것이 **on**입니다. 또한 on Friday morning, on Sunday afternoon, on weekends, on the 10th evening처럼 일정한 요일, 하루의 특정한 시간대를 나타낼 때에도 **on**을 씁니다. 경축일을 나타낼 때 **on**을 이용하는 경우에는 on Christmas Day로도 가능하므로 on Christmas로 하지 않도록 주의해야 합니다. (at Christmas로 표현)

KNOW THIS!

긴 기간

> **in**
>
> - **I learned to drive in four weeks.**
>   4주일에 운전을 마스터했습니다.
> - **We got married in 1970.**
>   1970년에 결혼했습니다.

이처럼 주, 월, 년, 계절 등을 나타낼 때 쓰는 것이 **in**입니다. **on**과 비교하면 날수가 많거나 오랜 기간이라는 것을 알 수 있습니다. 또한 in the morning, in the afternoon, in the evening처럼 날 또는 요일이 붙지 않을 때의 시간대에도 **in**을 쓰므로 혼동하지 않도록 주의합시다. 지금까지 at, on, in을 살펴보았지만 또 하나 중요한 것이 있습니다. next Friday, last month처럼 this, next, last 앞에는 at, on, in을 붙이지 않습니다.

- **I have an appointment this evening.**
  오늘 저녁에 약속이 있습니다.

대화를 들어볼까요?

→ 미라와 잭이 콘서트에 갈 계획을 세우고 있다.

Jack : Mira, when are we going to the concert?

Mira : This Friday.

Jack : What time does it begin?

Mira : It begins at 6:30 p.m.

Jack : O.K., tomorrow, 6:30 p.m.

Mira : Not tomorrow, Jack.

Don't you know what day it is today?

Jack : Sure, today is Thursday.

Mira : Are you serious*?

Today is Wednesday.

Jack : Wow! I forgot what day it is.

Anyway, I'll pick up* at five the day after tomorrow.

I'll be exactly* on time.

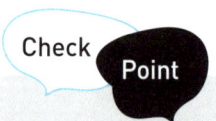

Are you serious? (어이없는 느낌으로) 진정이세요?   **pick up** (차로) 데리러 가다
exactly 정확히   **typical** 여전한, 전형적인

DIALOGUE

Mira : **Jack, what time is it on your watch?**

Jack : **It's 4:30.**

Mira : **Typical*! Your watch is 10 minutes slow.**

잭 : 미라, 우리 언제 콘서트에 가죠?
미라 : 이번 주 금요일에요.
잭 : 몇 시에 시작하죠?
미라 : 6시 반에 시작해요.
잭 : 좋아요. 내일 오후 6시 반이요.
미라 : 잭, 내일이 아니에요. 오늘이 무슨 요일인지 몰라요?
잭 : 알아요. 오늘은 목요일이에요.
미라 : 진정이세요? 오늘은 수요일이에요.
잭 : 맙소사. 요일을 깜빡했어요. 어쨌든 모레 5시에 데리러 갈게요. 시간에 정확히 갈게요.
미라 : 잭, 지금 당신 시계는 몇 시죠?
잭 : 4시 반이에요.
미라 : 여전하군요! 당신 시계는 10분 늦어요.

우리나라 사람들은 **at**, **on**, **in** 등을 정확히 구별해서 쓰지 못하는 것 같아요. 그러나 기본적인 것을 한번 알아두면 그렇게 어렵지 않아요.

빈칸을 채워보세요

1 빈 칸에 **at, on, in** 중에 알맞은 전치사를 넣어보자.

I went to bed ① _____ midnight and got up ② _____ 6:30 next morning.

자정에 자서 다음날 아침 6시 반에 일어났다.

I'll call you ③ _____ Tuesday morning ④ _____ about 10:00, okay?

화요일, 오전 10시쯤에 전화할게요. 괜찮겠어요?

2 빈칸에 알맞은 전치사를 넣어 성탄절 파티 초대장을 완성해보자.

• Invitation •

Dear Friends,

I am giving a small party ⑤ _____ the Eve of Christmas Day.

The party will start ⑥ _____ 8:00 p.m. sharp.

Please let me know if you could come ⑦ _____ Friday ⑧ _____ week.

Looking forward to seeing you at the party!

EXERCISE

― 초대장 ―

성탄절 이브에 간소한 파티를 열고자 합니다. 8시 정각에 시작합니다.
다음 주 금요일까지 참석 여부를 알려 주십시오.
그럼 파티에서 만나 뵙기를 기대하겠습니다!

C | O | L | U | M | N

★ 시간을 말하는 법

- 7시 20분   **seven twenty**
- 오전 9시 9분   **nine oh nine a.m.**
  (시간을 나타내는 경우, 0은 **oh**로 읽습니다.)
- 6시 정각   **sharp six** (**o'clock**) 또는 **exactly six** (**o'clock**)
  (**o'clock**은 생략할 때가 많습니다.)
- 10시 15분   **quarter after ten** 〈미〉 / **quarter past ten** 〈영〉
- 11시 10분전   **ten of** (또는 **before**) **eleven**〈미〉 / **ten to eleven**〈영〉
  (15분은 **quarter**, 30분은 **half**, 45분은 **three quarters**라고 합니다.)

★ 연도를 읽는 법

- 1998년   **nineteen ninety-eight** (2자리씩 끊어서 읽습니다.)
- 2009년   **two thousand nine**
- 1997년 6월 9일   **June ninth 1997** 〈미〉
  쓰는 법 ― **June 9, 1997** (또는 **6 / 9 / 97**)
  Nine June 1997 〈영〉
  쓰는 법 ― **9 June 1997** (또는 **9 / 6 / 97**)

Answers

① **at** ② **at** ③ **on** ④ **at** ⑤ **on** ⑥ **at** ⑦ **by** ⑧ **next** (이번 주 금요일이면 this가 된다.)

Unit 20

학습일

장소를 말할 때

장소를 말할 땐 거의 언제나 전치사가 따라 붙습니다. 기본적으로 나라나 도시처럼 비교적 넓은 장소나 '안'을 나타낼 때에는 **in**, 비교적 좁은 장소나 제한된 장소에는 **at**을 쓰지요. **on**은 위든 아래든 옆이든 어떤 장소에 접촉해 있을 때 씁니다. 전치사의 쓰임새는 경우에 따라 달라지니까 외우려고 애쓰기 보다는 회화를 하면서 하나씩 알아간다는 마음가짐으로 느긋하게!

What do you have in your mouth?

날마다 쓰는 베스트 기본문장 따라 읽기

Step 1 : 원어민 음성 무작정 듣기
step 2 : 크게 소리내어 따라 읽기
step 3 : 문장의 뜻 확인하며 다시 읽기
step 4 : 혼자서 문장 읽어보기

134 저는 한국에서 태어났습니다.
I was born in Korea.

135 그건 저 서랍에 있어.
It's in that drawer.

136 한국은 아시아에 있는 국가이에요.
Korea is a country in Asia.

137 신호등에서 왼쪽으로 도세요.
Turn left at the traffic light.

138 그는 하버드 대학에 다녀요.
He's at Harvard.

139 잔디 위에 앉지 마세요.
Don't sit on the grass.

140 지금 텔레비전에서 무엇을 하죠?
What's on TV?

이것만은 꼭 알아두자!

넓은 장소, ~안에

in

- **There is no one in the store.**
  그 가게 안에는 아무도 없다.
- **When we were in Italy, we spent a few days in Venice.**
  이태리에 갔을 때, 베니스에서 며칠 있었다.
- **What do you have in your mouth?**
  입안에 무얼 물고 있니?
- **When I go to the movies, I prefer to sit in the front row.**
  영화관에서는 앞줄에 앉는다.

비교적 넓은 장소나 '안'을 나타낼 때에는 in을 씁니다. 또한 사진이나 그림 속(in a photograph, in a picture) 또는 신문의 지면(in a newspaper), 거울 속(in a mirror)에도 in을 사용합니다.

- **Who is the girl in this photograph?**   이 사진 속의 여자는 누구죠?

좁은 장소

at

- **A stranger is standing at the door.**
  낯선 사람이 문에 서 있다.
- **Turn left at the traffic light.**
  신호등에서 왼쪽으로 도세요.
- **Write your name at the bottom of the page.**
  종이 아래에 이름을 써 주십시오.
- **My house is the white one at the end of the street.**
  우리 집은 거리 끝에 있는 하얀 집이다.

KNOW THIS!

- **I saw Jack at the football game yesterday.**
  어제 축구장에서 잭을 만났다.

비교적 좁은 장소나 회의장, 행사를 나타내는 경우에는 **at**을 씁니다.

특정한 장소

on

- **There is a butterfly on the wall.**   벽에 나비가 있다.
- **London is on the river Thames.**   런던은 템즈 강변에 있다.
- **Don't sit on the grass.**   잔디 위에 앉지 마세요.
- **A cat is lying on the chair.**   고양이가 의자 위에서 자고 있다.

on은 특정한 장소에 '접촉해' 있는 것을 나타냅니다. 반드시 '위'를 의미하지는 않습니다. 주의할 점은 **corner**를 쓸 때입니다. 방인 경우는 **in a corner of a room**, 거리인 경우는 **at[on] the corner of the street**이 됩니다. 전치사는 실제로 회화를 하면서 하나씩 알아가는 것이 바람직합니다.

대화를 들어볼까요?

→ 미라와 케이트가 즐겁게 이야기 하다가 귀걸이 한 쪽이 없어진 것을 알았다.

Mira : **Oh, my earring! Where is it?**

I definitely* put it on.

See, the other one's here.

Kate : **Let's look for it.**

I'll give you a hand*.

Mira : **Thank you.**

Kate : **It may be under the pillow on the couch*.**

Did you find it?

Mira : **No. On the rug*?**

Kate : **No, there's nothing on the rug.**

On the table? Behind the couch?

Mira : **No.**

(방구석에서 고양이 톰이 무언가를 가지고 놀고 있습니다.)

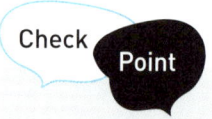

definitely 확실히, 절대로 **give someone a hand** 남을 도와주다, 남을 거들어 주다
couch 소파 **rug** 카펫, 융단

✓ 1 2 3 **DIALOGUE**

Kate : **Hey! Look over there, next to the TV.**

My cat Tom is playing with something.

Mira : **Oh, that's my earring!**

미라 : 어머! 내 귀걸이 어디 있죠? 틀림없이 끼고 있었어요. 봐요. 한 쪽은 있잖아요.
케이트 : 찾아보죠. 도와 드릴게요.
미라 : 고마워요.
케이트 : 소파 위의 베개 밑에 있을지 몰라요. 있어요?
미라 : 없어요. 카펫 위에는 없어요?
케이트 : 아무 것도 없어요. 테이블 위에는? 소파 뒤는요?
미라 : 없어요.

(방구석에서 고양이 톰이 무언가를 가지고 놀고 있습니다.)

케이트 : 이봐요! 저 쪽 텔레비전 옆을 봐요. 고양이 톰이 무언가로 장난하고 있어요.
미라 : 아, 내 귀걸이에요!

Tip

전치사는 많아서 정리하기가 어렵지요? 이번 과에서 확실히 정리해 보세요.

빈칸을 채워보세요

→ 빈 칸에 알맞은 전치사를 넣어 문장을 완성해보자.

- A cat is sleeping ① ____ the armchair ② ____ the window.

  고양이가 창가 의자에서 자고 있다.

- A pretty girl is smiling ③ ____ the photograph ④ ____ the shelf.

  선반 위의 사진 속에서 예쁜 여자가 웃고 있다.

- A clock is hanging ⑤ ____ the wall ⑥ ____ the right corner of the room.

  방 오른쪽 벽에 시계가 걸려 있다.

- There are lots of books ⑦ ____ the shelf.

  선반에 많은 책이 있다.

- A puppy is playing with a toy ⑧ ____ the table.

  강아지가 테이블 아래에서 장난감을 가지고 놀고 있다.

EXERCISE

COLUMN

★ 스포츠 숫자에 관한 표현

· 15대10	fifteen to ten (구어에서는 to를 생략할 때가 많습니다.)
· 15대0	fifteen to nothing 〈야구〉, fifteen love 〈테니스〉
· 2점차 리드	lead by two
· 4대4 〈동점〉	four all draw
· 10승 5패의 성적	the record of ten five
· 8회 초 / 말 〈야구〉	the top / bottom of 8th (inning)
· 3할 2푼 1리 〈야구 타율〉	three twenty-one / three two one
· 5번 타자 〈야구〉	the 5th hitter 〈3번 타자 clean-up hitter〉
· 제8라운드 〈골프나 복싱〉	the 8th (round)
· 7번 아이언 〈골프〉	No. seven iron 또는 seven-iron
· 파 5의 7번 홀 〈골프〉	the par-five 7th (hole)
· 100점을 깨다 〈골프〉	break 100
· 40대15 〈테니스〉	forty-fifteen
· 3번째 골 〈농구나 축구〉	the third goal

Answers

① in　② beside　③ in　④ on　⑤ on　⑥ in　⑦ in　⑧ under

Unit

21

권유할 때

우리의 하루는 수많은 권유와 제안으로 채워져 있다고 해도 과언이 아닙니다. 혼자 사는 것이 아닌 이상은 하다 못해 밥 먹는 것조차 동의를 구해야 하지요. **Let's + 동사원형 ~.** (~합시다.) / **Why don't you ~?** (~하는 게 어때요?) / **How about ~?** (~하는 게 어때요?) / **Would you like to ~?** (~하시겠어요?) / **Shell we ~?** (~할까요?) 등 많지만 내 입에 잘 붙는 걸로 골라 쓰세요. 일단 권유를 받았다면 **Yes, I'd love to.** / **I'm afraid not.**

날마다 쓰는 베스트 기본문장 따라 읽기

Step 1 : 원어민 음성 무작정 듣기
step 2 : 크게 소리내어 따라 읽기
step 3 : 문장의 뜻 확인하며 다시 읽기
step 4 : 혼자서 문장 읽어보기

141 점심 식사합시다.
Let's have a lunch.

142 음악을 들읍시다.
Let's listen to the music.

143 버스를 타는 게 어때요?
Why don't you take a bus?

144 공원에 가는 건 어때요?
How about going to the park?

145 커피 한 잔 함께 하지 않겠습니까?
Would you like to join me for a coffee?

146 예. 좋아요.
Sure. I'd love to.

147 아쉽지만.
I'm sorry.

이것만은 꼭 알아두자!

~하지 않겠습니까?

Would you like to ~?

A: **Would you like to join me for a coffee?**
커피 한 잔 함께 하지 않겠습니까?

B: **Sure. I'd love to.**
예. 좋아요.

Would you like to ~?는 권유표현으로 '~하지 않겠습니까?, ~하는 것은 어때요?'라는 의미입니다. 정중히 권유할 때는 Do you want to ~? 보다 Would you like to ~?를 쓰는 것이 좋습니다. 이와 같은 표현으로 Won't you ~?가 있습니다. 이 표현은 Would you like to ~?보다 친한 사이에 씁니다. 또한 Would you care for a coffee?도 정중한 권유표현입니다.

~합시다.

Let's ~.

A: **What CD shall we listen to next?**
다음에 무슨 CD를 들을까?

B: **Let's listen to the Carpenters.**
카펜터즈를 들읍시다.

A: **Sounds good.**
좋아요.

Let's ~.는 Let us ~.의 단축형이지만 권유표현으로는 보통 단축형으로 Let's ~.가 됩니다. 'Let's + 동사원형'의 형으로 사용합니다.

- **Let's have a lunch.**   점심 식사 합시다.

KNOW THIS!

~하는 게 어때요?

Why don't you ~?

A: **Why don't you take a bus?**
버스를 타는 게 어때요?

B: **Thank you, but I'll take a train. It's much faster.**
고마워요. 그런데 열차로 갈게요. 그쪽이 더 빨라요.

권유표현으로 Why don't you ~?가 있습니다. 이것은 글자대로 하면 '왜, 당신은 ~하지 않습니까?'라는 의미이지만, '~하면 어때요?'라는 권유의 의미로 폭넓게 쓰이고 있습니다. Why don't we ~?도 '~하자'라는 의미로 Let's ~.와 같은 의미의 권유표현입니다.

- **Why don't we rest a little more?** 좀 더 쉽시다.

대화를 들어볼까요?

 케이트에게 민호가 말을 걸었다.

Minho : Hi, Kate. Are you free* tonight?

Kate : Yes, I don't have any particular* plan for tonight. Why?

Minho : Would you like to go see this movie?

I have two tickets.

Kate : Really?

I want to see that movie.

Minho : Me, too.

Everybody says it's very good.

Kate : Let's go. We should hurry.

It'll probably* be crowded.

Minho : How about dinner after the movie?

Kate : I'm afraid not. I have to get up early tomorrow.

Are you free? 한가합니까? (시간이 있는 지 없는 지를 묻는 표현) **particular** 특별한
probably 아마, 대개는

DIALOGUE

민호 : 안녕하세요. 케이트. 오늘 밤 시간 있어요?
케이트 : 특별한 계획은 없어요. 왜요?
민호 : 괜찮다면 이 영화 보러 가지 않겠어요? 표가 두 장 있어요.
케이트 : 그래요? 그 영화 보고 싶었어요.
민호 : 저도요. 모두들 재미있다고 해요.
케이트 : 보러 갑시다. 서둘러야 할 것 같아요. 아마 혼잡할 거에요.
민호 : 영화가 끝나면 함께 식사 어때요?
케이트 : 안되겠어요. 내일은 일찍 일어나야 해요.

이것은 비교적 친근한 사이의 권유방법이지요. 잘못하면 간절히 권해도 거절당하기 쉽겠죠? 그렇게 되지 않도록 잘 알아두세요.

빈칸을 채워보세요

→ 점심 식사 시간이다. 회사 동료가 점심 식사를 권하고 있다.

동료 : **Hey, ① _____ go for lunch. I'm starving.**
이봐. 점심 같이 먹자. 배가 고파 죽겠어.

당신 : **Me, too. ② _____ for some spaghetti today?**
나도 그래. 오늘은 스파게티가 어떻겠어?

I mean, I'm dying to have some tomato-source spaghetti.
토마토소스 스파게티가 먹고 싶어 죽겠단 말이야.

동료 : **Well, then, ③ _____ go to "Milano"?**
그러면 '밀라노'에 갈까?

It's the best restaurant for spaghetti around here.
이 근처에서는 스파게티를 제일 잘해.

당신 : **O.K. Let's go!**
좋아, 가자!

EXERCISE

COLUMN

★ 거리에서 볼 수 있는 표시

외국의 거리에서 볼 수 있는 표시의 대표적인 것을 들어 보았습니다. 이런 것에서도 영어다운 발상이나 표현을 알 수 있습니다.

- **BUSINESS HOURS** 영업시간
- **(WE ARE) OPEN / CLOSED** 영업중 개점 / 폐점, 폐관
- **BUSINESS AS USUAL** 평소대로 영업
- **NOT FOR SALE** 비매품
- **NOW SHOWING** 상연[상영]중
- **NEXT ATTRACTION** 다음회 상연[상영]
- **HOUSE FULL** 만원, 만석
- **NO ADMITTANCE, KEEP OUT, NO ENTRANCE** 출입금지
- **PRIVATE, STAFF[EMPLOYEE] ONLY** 관계자[종업원]외 출입금지
- **FLUSH AFTER USE** 사용후 물을 내려 주십시오 〈화장실〉
- **LOST AND FOUND** 분실물 취급소
- **WATCH YOUR BELONGINGS** 휴대품 주의
- **BE AWARE OF THEFT** 소매치기 주의
- **WATCH YOUR STEPS** 보행주의
- **OUT OF ORDER** 고장
- **NO LITTERING** 쓰레기 투여 금지

Answers

① **let's**   ② **Would you care** (여기에서는 "Would you like"는 for 때문에 안 된다.)
③ **why don't we / shall we** 등

Unit 22

제안·조언할 때

제안과 조언하면 바로 떠오르는 것이 **had better**죠? 하지만 **had better**는 명령이나 강제에 가까운 어감이기 때무에 손윗사람에게는 쓰지 않습니다. 두루 무난하게 쓰는 표현은 **should**나 **ought to**(~하는 게 좋습니다)입니다. 더 완곡하고 공손하게 표현하고 싶다면 **You might as well ~.**(~하는 것도 좋지 않을까요?) / **I don't think you ought to ~.**(~하지 않는 게 좋겠어요.)

Definitely. You have a point.

날마다 쓰는 베스트 기본문장 따라 읽기

Step 1 : 원어민 음성 무작정 듣기 > **step 2** : 크게 소리내어 따라 읽기 > **step 3** : 문장의 뜻 확인하며 다시 읽기 > **step 4** : 혼자서 문장 읽어보기

148 금연하는 게 좋겠어요.
You should stop smoking.

149 체중 좀 줄이셔야겠어요.
You should slim down.

150 경찰을 부르는 게 좋겠어요.
We had better call the cops.

151 네 나이에 맞게 행동해야 해!
You ought to act your age!

152 너는 솔직히 말하는 게 좋겠어.
You might as well as call a spade a spade.

153 의사에게 가보지 그러세요?
Why don't you go to the doctor?

154 그래요. 일리가 있어요.
Definitely. You have a point.

이것만은 꼭 알아두자!

~하는 게 좋겠어요.

You should ~.

A: **You've been coughing a lot lately.**
요즘 기침을 많이 하는군요.

You should stop smoking.
금연하는 게 좋겠어요.

B: **Thank you so much.**
고마워요.

일상회화에서는 조언하는 표현으로 You should ~.가 흔히 쓰입니다. should는 '~해야 한다'라고 해석하는 사람이 많지만 실제로 should는 제안하는 뉘앙스이며 특히 미국영어에서 많이 쓰입니다. 학교에서 배운 제안 표현으로 had better가 있지만 이것은 must에 가까운 강제적인 느낌이 강해서 권유표현에는 적절하지 않습니다.

~은 어떤가요?

I recommend ~.

A: **What would you like for breakfast?**
아침 식사는 무얼 드시겠어요?

B: **I can't decide. What do you recommend?**
결정할 수 없군요. 권해줄 것이 있어요?

A: **I recommend our pancakes.**
팬케이크는 어떤가요?

B: **They are very tasty.**
대단히 맛있어요.

180

KNOW THIS!

recommend는 '~을 추천하다, 권하다'의 의미이며 suggest '제안하다'로 바꿀 수 있습니다. 또한 I recommend (that) you ~. 또는 I suggest (that) you ~.라는 어법으로도 쓸 수 있습니다. 이처럼 뒤에 절(주어 + 동사)이 올 때는 절의 주어가 2인칭이든 3인칭이든 항상 동사는 원형을 쓴다는 점에 주의합시다.

- **I suggest (that) she take a vacation.**   그녀는 휴가를 가지는 편이 좋다.

I advise you to ~.도 같은 의미의 표현입니다.

- **I advise you to stay at home.**   당신은 집에 있는 것이 좋아요.
  (동사 advise와 명사 advice는 철자와 발음이 다른 점에 주의할 것)

~하지 그래요?

Why don't you ~?

A: **You look blue.**
안색이 좋지 않군요.

Why don't you go to the doctor?
의사에게 가보지 그러세요?

B: **Thank you, but I'm not really sick.**
고맙지만 진찰받을 정도로 아프지는 않아요.

Why don't you ~?는 제안 또는 조언할 때 이용하는 표현입니다. Why not ~?도 같은 의미로 자주 쓰입니다.

- **Why not go and see the doctor?**   의사에게 가서 진찰받지 그래요?

 대화를 들어볼까요?

 케이트와 미라는 유원지에 갔다.

Kate : Oh, this place is huge*! There are so many rides*.

Mira : Which one should we try first?

Kate : The Sky Jump looks very exciting.

Why don't we try that one?

Mira : Wait, Kate. Look at that long line*.

Kate : How long do we have to wait?

Mira : I'd say over 30 minutes.

Let's go on another one.

How about that roller coaster*?

Kate : Okay, let's try that first.

Mira, you should take your earrings off.

Mira : Definitely*. You have a point*.

Check Point

huge 거대한 **ride** 〈명사〉 유원지 등에서 탈 것
line 열, 줄 (stand in line은 줄지어 서 있는 것) **roller coaster** 롤러코스터
definitely 그렇고 말고요 **You have a point.** 당신 의견에는 일리가 있다.

DIALOGUE

케이트 : 와! 매우 넓군요. 탈 것이 많이 있네요.
미라 : 어느 것을 먼저 탈까요?
케이트 : 스카이 점프가 재미있어 보여요. 저걸 타죠?
미라 : 잠깐 기다려요, 케이트. 저 줄을 봐요.
케이트 : 얼마나 오래 기다려야 할까요?
미라 : 30분 이상은 기다려야 할 것 같아요. 다른 데로 갑시다.
 저 롤러코스터는 어때요?
케이트 : 좋아요! 저걸 먼저 탑시다. 미라, 귀걸이를 떼어두는 것이 좋겠어요.
미라 : 그래요. 일리가 있어요.

조언이나 제안 등은 부드럽게!
자칫하면 '쓸데없는 참견입니다(**None of your business**).'라는 대답을 듣기 쉽죠. 그것이 의사소통이 어려운 점입니다.

183

빈칸을 채워보세요

→ 당신은 친구들과 캠핑 가고 싶다. 자, 친구들을 모아서 계획을 세워보자. 빈 칸에 알맞은 말을 넣어 조언·제안 표현을 만들자.

1 먼저 친구에게 권유한다.

당신 : We're planning to go camping this weekend.
　　　　 ┌─①──────────┐ you come with us?

　　　이번 주말 캠핑을 계획하고 있는데 함께 가지 않겠니?

친구 : Yeah, I'd love to. Where to?

　　　그래, 좋아. 어디로 가지?

당신 : To the Lake Chungju.

　　　충주호에.

2 이번엔 소지품에 관하여 조언을 해보자.

친구 : It's gonna be cold down there, isn't it?

　　　거기는 춥겠지?

당신 : I suppose so. You ┌─②──────┐ bring sweaters or coats.

　　　그럴 거야. 스웨터나 코트를 가지고 가는 게 좋아.

3 마지막으로 캠프 장소에서의 놀이에 관하여 제안을 해보자.

친구 : What kind of activities can we do over there?

　　　거기에서는 어떤 걸 할 수 있지?

EXERCISE

당신 : **Lots of things, like tennis, hiking and so on.**

테니스나 하이킹 같은 여러 가지를 할 수 있어.

But ③ _____ that you try out para-sailing with me.

무엇보다도 패러 세일링을 권하고 싶어.

친구 : **Sounds exciting.**

그거 재미있겠군.

COLUMN

★ '합중국'이란 어떤 의미일까요?

미합중국을 영어로 표기하면 **The United States of America**가 됩니다. '합쳐진 주(**state**)가 아메리카라는 곳에 있다'라는 의미입니다.

독립성을 가진 50개 공화국으로 구성된 연합체로 생각하면 쉬울 것입니다. 각 주는 독자적인 법률은 물론 독자적인 행정부와 주경찰(**state police**)도 있고 주군대(**state military**)까지 있습니다. 하나의 사건에 주 경찰과 연방경찰이 함께 출동해서 분쟁이 일어나는 경우도 있습 니다.

세율도 주에 따라 다릅니다. 판매세(**sales tax**)를 부과하는 주도 많이 있어서 세율이 싼 인근의 주까지 식료품을 사러 가는 일도 드물지 않습니다.

또한, 교통법규 등 실생활 면에서도 주마다 서로 다릅니다. 예를 들면 적신호에도 차를 우회전할 수 있는 주와 할 수 없는 주가 있습니다. (그러나 차의 우측통행은 전국 공통). 또한 휴일도 전국이 쉬게 되는 연방 경축일 외에 각 주마다 특정한 경축일을 기념하기도 합니다.

Answers

① **Why don't**　② **should**　③ **I recommend / suggest**

Unit 23

찬성·반대할 때

현대인은 동서양을 막론하고 자신의 의견을 분명하게 표현하는 편입니다. 특히 찬성이냐 반대냐를 놓고는 더욱 확실한 입장 표시가 필요하다고 생각하죠. 동의, 찬성할 때 쓰는 기본적인 표현은 **I agree with you.**(동의합니다.) / **I think so.**(그렇게 생각합니다.) 동의하지 않거나 반대할 때 쓰이는 기본적인 표현은 **I'm against.**(반대합니다.) / **I don't think so.**(그렇게 생각하지 않습니다.)

I'm opposed to the plan.

날마다 쓰는 베스트 기본문장 따라 읽기

Step 1 : 원어민 음성 무작정 듣기
step 2 : 크게 소리내어 따라 읽기
step 3 : 문장의 뜻 확인하며 다시 읽기
step 4 : 혼자서 문장 읽어보기

155 좋은 생각이군요.

That's a good idea.

156 나도 그렇게 생각해요.

I think so.

157 동의합니다.

I agree with you.

158 맞아요.

You are right.

159 전적으로 동감입니다.

I agree completely.

160 저는 반대합니다.

I'm against.

161 저는 그렇게 생각하지 않아요.

I don't think so.

이것만은 꼭 알아두자!

좋은 생각이군요.

That's a good idea.

- That's a good idea. / Great idea.　　좋은 생각이군요.
  That's fine. / Fine. / Great.
- You are right. / That's right.　　맞아요.
  That's true. / That's correct.
- Sure.　　그러죠.
- I agree with you.　　동감입니다.
- I think so.　　그렇게 생각합니다.
- All right. / O.K. / Okay.　　좋아요.

이 표현은 우리말의 '좋아요'에 해당되는 말입니다. 동의하는 정도에 따라 I suppose ~. 나 I think ~. 등을 앞에 붙여서 표현을 부드럽게 하는 것도 좋습니다.

- I suppose you are right.　그렇게 생각합니다.

전적으로 동감입니다.

I agree completely.

- I agree completely.　　전적으로 동감입니다.
- I couldn't agree more.　　전적으로 그렇습니다.
  I couldn't agree with you more.
- I totally agree with you.　　완전히 동의합니다.
- (There is) No question about it.　　의심할 여지가 없습니다.
- You can say that again. / Say that.　　동감입니다.

188

KNOW THIS!

You said it.

- **Absolutely. / Exactly. / Definitely.** 맞습니다.

- **Right on.** 이의 없어요. 〈구어〉

위의 표현들은 강한 동의를 나타냅니다. 일반적으로 한국인은 영어를 말할 때 소극적으로 표현한다는 지적이 있지만, 강조하고 싶을 때는 강조하는 게 좋습니다.

유감스럽지만 ~.

I'm afraid ~.

A: **Can you come at one o'clock?** 1시에 올 수 있어요?

B: **I'm afraid(, but) I can't.** 아뇨. 못 갈 것 같은데요.

　Can you make it at two? 2시면 어때요?

상대의 제안에 단지 I can't. 라고 대답하는 것은 너무 당돌해서 좋은 인상을 주지 못합니다. 이럴 때에는 I'm afraid (but) I can't. 와 같이 앞에 I'm afraid를 붙이면 부드럽게 거절하는 표현이 됩니다. sorry를 붙이면 더욱 부드러운 거절 표현이 됩니다.

- **Sorry, I'm afraid I can't.**

대화를 들어볼까요?

→ 미라와 케이트가 대화를 하고 있다.

Mira : I want to buy a leather* jacket.

Would you like to go shopping with me?

Kate : I'm afraid I can't.

Thanks for asking me, but I'm a bit* busy today.

Tomorrow will be fine.

Mira : Let's go shopping tomorrow, then.

Kate : O.K.

Mira : I trust your taste* in clothes.

Kate : Thank you. I'm glad to hear that.

Mira : All right, see you here again at 3 p.m. tomorrow, O.K?

Kate : Great. See you tomorrow.

leather 가죽 (피부는 skin, 모피는 fur)   **a bit** 조금, 약간   **taste** 취미, 취향

DIALOGUE

미라 : 가죽 재킷을 사고 싶어요. 같이 쇼핑하러 가지 않겠어요?

케이트 : 갈 수 없을 것 같아요. 권유해 줘서 고마운데 오늘은 좀 바빠요. 내일은 괜찮아요.

미라 : 그럼, 내일 갑시다.

케이트 : 좋아요.

미라 : 당신의 패션 감각은 믿을 만해요.

케이트 : 고마워요. 그렇게 말해주니 기쁘군요.

미라 : 그럼 내일 오후 3시에 여기에서 또 만나요. 괜찮겠어요?

케이트 : 좋아요. 그럼 내일 만나요.

권유를 받고 승낙할 때는 즐겁게 받아들여야 해요. 거절할 때는 상대의 호의를 생각해서 정중히 거절해야 하죠. 또한 그 이유를 말하도록 해 보세요.

빈칸을 채워보세요

→ 선배의 권유로 영화 보러 갔었다. 당신이 좋아하는 영화였다.

1 영화의 느낌에 관해서 이야기하고 있다. 빈 칸에 알맞은 말을 넣어 동의의 뜻을 나타내보자.

선배 : **It was an interesting movie, wasn't it?**
재미있는 영화였지?

당신 : **I ①_____ you. But I liked the music more.**
동감이에요. 그런데 영화음악이 좋았어요.

He's my favorite musician.
내가 좋아하는 음악가가 맡고 있어요.

2 화제가 영화에서 음악으로 옮겨졌다. 빈 칸에 알맞은 말을 넣어 강한 동의의 뜻을 나타내보자.

선배 : **He's happened to be my favorite, too.**
우연이군. 나도 그를 좋아해.

His voice is strong and powerful.
크고 강한 목소리를 가지고 있지.

당신 : **②_____, and not only strong and powerful, but soft and sensitive.**
그래요! 크고 강할 뿐 아니라 부드럽고 감각적인 부분도 있어요.

선배 : **Right on.**
맞아.

EXERCISE

3 이야기가 무르익었는데 당신은 이제 돌아가야 한다. 빈 칸에 알맞은 말을 넣어 권유를 정중히 거절해보자.

선배 : **Would you like to go for a drink? I'm kind of thirsty.**

술 한 잔 하러 갈까? 목이 마르군.

당신 : ③ _____ **I can't. I have to go home and finish my homework.**

갈 수 없을 것 같아요. 집에 가서 숙제를 해야 해요.

선배 : **I see. Maybe sometime next week.**

알겠어. 다음 주에 하지.

COLUMN

★ **I see.와 I understand.의 차이**

상대가 말한 것에 대해서 '알겠어요'라고 하는 표현에 **I see.**와 **I understand.**가 있습니다. 둘 다 자주 사용하는 표현이고 모두 '이해하다'라는 의미이지만 **see**는 '납득하다, 알다'라는 범위의 이해, **understand**는 단순히 머리로 이해하는 것뿐만 아니라 마음속으로도 '이해하다'라는 차이가 있습니다.

그러면 왜 **understand**(아래에 서다)가 '이해하다'가 될까요? 우리 한국인은 농경민족이지만 영어권의 게르만 민족계의 앵글로 색슨은 수렵민족이었습니다. 전투 집단이 형성되고 당연히 리더가 생겨났습니다. 거기에서 어느 리더 아래에 서는가의 선택이 생깁니다. 리더의 마음을 이해하는 것이 강한 군대를 만들게 되는 것입니다. 즉 '리더 아래에 서다'가 '이해하다'라는 의미로 된 것입니다. 이것이 **understand**의 어원입니다. 이렇게 말 하나에도 문화의 차이가 나타나 있습니다.

Answers

① **agree with** ② **Absolutely / Exactly / You're right**(not only A but (also) B는 'A뿐만 아니고 B도'라는 의미) ③ **I'm afraid / I'm sorry**

Unit 24

화제를 바꿀 때

대화라는 것이 항상 나 좋을 대로만 흐를 수는 없지만, 정말 재미 없거나 관심 없는 일, 또는 좀 곤란한 이야기가 지루하게 계속될 때는 화제를 바꿀 줄도 알아야 하겠죠? **Let's change the subject.**(화제를 바꿉시다.) / **Let's talk about something else.**(뭔가 다른 이야기를 합시다.) 반대로, 내가 중요한 이야기를 하고 있는데 상대가 화제를 바꾸려고 할 때는 **Don't change the subject.**(화제를 바꾸지 마세요.)라고 따끔하게 일침!

Sorry to interrupt, but ….

날마다 쓰는 베스트 기본문장 따라 읽기

Step 1 : 원어민 음성 무작정 듣기 **step 2** : 크게 소리내어 따라 읽기 **step 3** : 문장의 뜻 확인 하며 다시 읽기 **step 4** : 혼자서 문장 읽어보기

162 　들어 보세요.

Listen to this.

163 　말할 게 있는데요.

I'll tell you what.

164 　이 생각 어때요?

What do you think of this idea?

165 　지금 막 한 가지가 생각났는데요.

I just thought of something.

166 　그런데, 점심 식사 했어요?

By the way, have you had lunch?

167 　그나저나 지금 몇 시예요?

By the way, what time is it?

168 　아무에게도 말하지 마세요.

Don't tell anybody.

이것만은 꼭 알아두자!

들어 보세요

Listen to this.

- **Listen to this, I won the first prize.**
  들어보세요. 일등을 했어요.

- **I'll tell you what.**
  말할 게 있는데요.

- **Why don't you call me tomorrow?**
  내일 전화해 주지 않겠어요?

Listen to this.와 비슷한 표현으로 Listen to me.가 있습니다. 이것은 '들으세요, 말에 따르세요.'라고 하는 강한 뉘앙스로 사용합니다. 한편, I'll tell you what.은 '저, 그런데 / 말하고 싶은 게 있는데 / 사실을 말하면' 등 폭넓게 쓸 수 있는 표현입니다. 같은 의미로 Guess what?이 있습니다. 이것은 '저'라는 의미와 '알겠어요? / 어떻게 생각해요?'라는 의미로도 사용할 수 있는 표현입니다. 이 외에도 What do you think of this idea? '이 생각 어때요?' 또는 You may not believe this, but ~. '믿지 못할 지도 모르지만 ~.', I've just got an idea. / I just thought of something. '지금 막 한 가지가 생각났는데요.' 등도 알아두면 좋습니다.

그런데, ~.

By the way, ~.

- **To change the subject, have you decided to attend the summer camp?**
  화제를 바꿔서, 여름 캠프에 참가하기로 했어요?

To change the subject, ~. / Anyway, ~. / On another note ~.는 의도적으로 화제를 바꿀 때에 자주 사용하는 표현입니다. 이에 대해서 by the way는 대화중에 갑자기 무언가가 생각났을 때 사용하는 표현입니다.

KNOW THIS!

- **By the way, have you had lunch?** 그런데, 점심 식사 했어요?

아무에게도 말하지 마세요.

> ### Don't tell anybody, but ~.
>
> - **Don't tell anybody, but the manager is going to be transferred far away.**
>   아무에게도 말하지 말아요. 과장님이 멀리 전근 갈 거래요.
> - **This is a secret, but I forgot her name and panicked.**
>   비밀이지만 그녀의 이름을 잊어버려서 당황했어요.
> - **Just between us, I'm the one who broke it.**
>   우리 둘 사이의 이야기인데요. 그것을 부순 건 접니다.

Don't tell anybody, but ~.은 '아무에게도 말하지 마세요', This is a secret, but ~.은 '비밀이야기지만'이라는 뜻으로 모두 but ~이 붙습니다. 한편 just between us ~는 '우리 사이의 이야기인데'라는 의미에서 비밀 이야기를 하는 표현이 되었습니다.

대화를 들어볼까요?

→ 미라와 케이트가 대화를 하고 있다.

Mira : Guess what! I saw Kim Changsu at a coffee shop.

Kate : Really? You mean Kim Changsu the famous novelist?

I love him.

I've read all of his works*.

What did he look like?

Mira : Don't tell anybody, but he was wearing this really loud* jacket.

It didn't really suit* him.

And I happened to overhear that he has a ghost writer.

Kate : No way!

Mira : It's true!

I feel so let down*.

Kate : That's putting it a bit strongly, don't you think?

work 작품 **loud** (복장·색 등이) 화려한 **suit** 어울리다
let down 기대를 저버리다, 실망시키다.

✓ 1 2 3 **DIALOGUE**

Mira : That's not what I meant to say. I meant … ah ….

Well anyway, on another note, isn't it kind of cold today?

미라 : 잠깐 들어보세요. 커피숍에서 김창수를 봤어요.
케이트 : 그래요? 유명한 소설가 김창수 말이에요? 그를 아주 좋아해요. 작품을 모두 읽었어요. 뭘 하는 것 같았어요?
미라 : 아무에게도 말하지 마세요. 야한 재킷을 입고 있었어요. 정말 어울리지는 않았지만! 그리고, 가끔 들은 얘기지만, 대필 작가가 있다고 하더군요.
케이트 : 그럴 리 없어요!
미라 : 사실이에요! 실망시킨 것 같군요.
케이트 : 좀 심하게 말하는 거 아니에요?
미라 : 그럴 작정은 아니었어요. 저 … 어쨌든, 그건 그렇고 오늘 좀 추운 것 같지 않아요?

당돌하게 보이지 않도록 말을 꺼낼 때의 표현은 반드시 알아두세요.
회화를 잘 하는 비결은 단어와 문법을 많이 아는 것만이 아니에요.

빈칸을 채워보세요

→ 금요일 오후 거리 여기저기에서 즐거운 소리가 들려온다.

1 대학생인 듯한 젊은이가 모여 있다. 빈 칸에 알맞은 말을 넣어 주의를 돌리는 표현을 해보자.

A : ①_____, please! Is everybody here?
모두 들어 봐! 모두 모였니?

B : Still waiting for Minho to come. He's always late!
민호가 아직 오지 않았어. 항상 지각하니까!

2 회사원 두 명이 이야기 하고 있다. 빈 칸에 알맞은 말을 넣어 화제를 바꾸는 표현을 해보자.

A : … was a great opportunity to get a promotion.
승진할 수 있는 좋은 기회였는데.

How stupid I was to miss it!
그걸 놓치다니!

B : Don't worry too much. ②_____, what time is she coming here?
걱정하지 마. 그런데 그녀는 몇 시에 오지?

A : Gee! I forgot to tell her the time!
이런! 시간을 가르쳐 주는 것을 잊었어.

3 젊은 여자 두 명이 귓속말을 하고 있다. 빈 칸에 알맞은 말을 넣어보자.

A : Please ③_____, but he's getting married to Sunhee!
비밀인데, 그가 선희와 결혼한대요.

EXERCISE

B : **He, to Sunhee? No! Everybody thinks that he is getting married to you.**

그와 선희가요? 설마! 모두 그는 당신과 결혼할 거라고 생각했어요.

A : **Just between us, we broke up last month.**

우리 사이의 이야기지만 지난 달 헤어졌어요.

COLUMN

★ 미국 주의 별명

미국의 주에는 지역의 특징을 나타내는 별명이 있습니다.

- Alabama – Cotton State　　　　면화의 명산지
- Alaska – Last Frontier State　　개척시대의 최후의 주
- California – Golden State　　　과거 금광이 있어서
- Florida – Sunshine State　　　항상 햇볕이 비추기 때문에
- Hawaii – Aloha State　　　　　인사 '알로하'에서
- Kansas – Sunflower State　　　주의 꽃이 해바라기
- Missouri – Show Me State　　　미주리 사람들은 '증거를 보지 않고서는 믿지 않는다'고 한다
- Nevada – Silver State　　　　　옛날에 광산이 있어서
- South Dakota – Coyote State　옛날 코요테가 많이 살고 있어서
- West Virginia – Mountain State　산이 많아서

Answers

① **Listen to this / Attention**　② **By the way**　③ **don't tell anybody / keep it secret** 등

Unit 25

기쁨·만족을 나타낼 때

서양 사람들은 대체로 감정표현이 아주 풍부한 편입니다. 사소한 것에도 감동하고 또 그런 감정을 솔직하고 대담하게 표현하다 보니 표현력도 정말 풍부합니다. 상대는 그렇게 다양하고 풍성하게 자기 감정을 표현하는데 우리식으로 뚱하게 있으면 안 될 말씀! **I'm so pleased.**(나는 정말 기쁘다.)처럼 간단한 표현부터 사용하면서 표현을 늘려가요. 아름다운 그림을 봤다면 **That's beautiful!**(아름답군요!) / **That's wonderful!**(멋지군요!) 정도는 말해주자고요.

I made it!

날마다 쓰는 베스트 기본문장 따라 읽기

Step 1 : 원어민 음성 무작정 듣기 **step 2** : 크게 소리내어 따라 읽기 **step 3** : 문장의 뜻 확인하며 다시 읽기 **step 4** : 혼자서 문장 읽어보기

169 정말 기뻐요.

I'm so glad.

170 하느님 감사합니다!

Thank God!

171 운이 좋군!

How lucky!

172 뭐가 그렇게 즐거워요?

What are you so happy about?

173 감동했어요.

I was moved.

174 해냈다!

I made it!

175 당신은 만족하고 있나요?

Are you satisfied?

이것만은 꼭 알아두자!

~해서 기쁘다

be pleased to ~

A: **What are you so happy about?**
뭐가 그렇게 즐거워요?

B: **I saw a marvelous movie.**
굉장한 영화를 봤어요.

happy는 기쁨·행복의 의미를 나타내는 가장 기본적인 표현으로 여러 가지 다양한 용법이 있습니다. 이외에 '행복, 유쾌함, 즐거움'을 나타내는 말로는 delighted, pleased, glad가 있습니다. be delighted ~는 '~을 기뻐하다'라는 의미로 pleased 보다 강한 기쁨을 나타내며, 모두 일시적인 기쁨·즐거움을 의미합니다.

- **I'm so delighted to be with you.**   당신과 함께 있어서 기쁩니다.

be glad ~는 '~을 기쁘게 생각하다, 만족하다'라는 의미로 사용됩니다.

- **I'm glad that you are here.**   와 주셔서 기쁘게 생각합니다.

be pleased to ~는 '~해서 기쁘다'라는 표현으로 만족감도 나타내고 있습니다.

- **I'm pleased to hear of her marriage.**
그녀의 결혼 소식을 들으니 기쁘군요.

운 좋은 사람이군!

Happy man!

- **I was lucky enough to find the key here.**
여기에서 열쇠를 찾게 된 것은 행운이었어요.

- **It was happy chance that I found the book.**
그 책을 찾게 되어서 매우 다행이었습니다.

KNOW THIS!

- **I'm fortunate to have such an opportunity.**
  그와 같은 기회를 가져서 행운입니다.

luck은 일반적으로 운이 좋다는 의미의 격의 없는 말로 폭넓게 쓰이고 있습니다. happy는 행복함, 만족감을 포함하는 행운을 의미합니다. 그러므로 **Happy man**!은 '운 좋은 사람이군!'이라는 의미입니다. fortunate은 lucky보다 영속적이고 그 행운 덕택으로 일이 잘 되고 있다는 것을 의미합니다. 가벼운 일뿐만 아니라 중요한 일에도 쓰입니다.

~에 만족하다

be gratified with ~

- **She is gratified with her present husband.**
  그녀는 지금 남편에게 만족하고 있습니다.
- **He wasn't satisfied with his score.**
  그는 성적에 만족하지 못했습니다.

be gratified with ~는 매우 '만족하다, 기뻐하다'는 의미로 비교적 형식적인 표현입니다. be satisfied with ~는 '만족하고 있다'라는 느낌으로 소망이 이루어져서 만족하다는 사실을 강조하는 표현입니다.

 대화를 들어볼까요?

→ 캠퍼스에서 케이트가 우연히 미라를 만났다.

Kate : Hi, Mira! You look so happy.

What's up*?

Mira : Hi, Kate! Today's my lucky day!

I answered a questionnaire* in Chongro.

And they said they'd give me twenty thousand won just for answering.

Kate : Did you tell them your address or phone number?

Mira : Sure.

They're going to call me tomorrow.

I can't wait.

Kate : This sounds a bit too good to be true.

Mira : I don't think so.

What's up? 무슨 일 있니? (친구 간에 사용하는 평범한 표현)
questionnaire 앙케이트, 조사

DIALOGUE

케이트 : 안녕, 미라! 즐거워 보이는데요. 무슨 일 있어요?
미라 : 안녕, 케이트. 오늘은 운이 좋아요. 종로에서 앙케이트를 했어요. 그러니까 답해준 데 보답으로 2만원을 준다고 했어요.
케이트 : 주소나 전화번호를 가르쳐 주었어요?
미라 : 물론이죠. 내일 전화를 걸 거예요. 매우 기다려지네요.
케이트 : 그 이야기 너무 믿을 수 없어요.
미라 : 나는 그렇게 생각하지 않아요.

기쁠 때나 만족했을 때의 감정을 잘 표현할 수 있게 되면 그것이 영어회화를 잘 하게 되었다는 증거예요!

빈칸을 채워보세요

→ 당신은 동창회에 갔다. 동창들과 크레이그 선생님이 모인 것은 10년만이다.

1 빈 칸에 happy / glad / pleased / pleasant / delighted를 넣어서 기쁨을 나타내는 표현을 해보자.

당신 : Hi, Sunhee! I'm ① _____ that you could make it on time.

안녕, 선희! 네가 시간에 맞게 와서 기뻐.

선희 : **I just got back from the business trip.**

출장에서 방금 돌아왔어.

I'm so ② _____ to see you.

너를 만나서 기뻐.

당신 : So am I. Come on, Mrs. Craig is here.

나도. 봐, 크레이그 선생님도 오셨어.

선희 : Is she? Oh, Mrs. Craig, I'm very ③ _____ to see you again.

선생님이? 크레이그 선생님! 다시 만나서 기뻐요.

선생님 : Sunhee! What a ④ _____ surprise!

선희! 놀랐어.

Let me bring you a drink.

마실 것을 가져 올게.

선희 : Oh, thank you. But I'll help myself.

고맙지만, 제가 할게요.

EXERCISE

선생님 : **I'll be** ⑤ _____ **to do so.**

괜찮아.

Why don't you take a seat and relax?

앉아서 편히 쉬지 그러니?

선희 : **Thank you very much. You are so sweet, as always.**

고맙습니다. 늘 친절하시군요.

C O L U M N

★ 제스처

영미인, 캐나다인 또는 호주인 등 영어를 모국어(**mother tongue**)로 하는 사람들은 말과 제스처를 병행합니다. 감정 표현을 풍부하게 해서 보다 깊은 의사소통을 하도록 합시다.

★ 만족

(1) 손을 비빈다. – **rubbing one's hands (together)**

손을 비비는 것은 만족 또는 승리를 나타냅니다.

(2) 엄지손가락을 세운다. – **putting one's thumbs up**

원래는 '기운내, 잘해, 비관하지 마'라는 제스처였지만 지금은 **O.K**!를 의미하게 되었습니다. 반대로 '불만족, 거부, 금지'를 의미하는 경우에는 엄지손가락을 아래로 향합니다. (**putting one's thumbs down**)

(3) 엄지와 검지로 원을 만든다. – **forming a circle with thumb and finger**

'완벽!'을 나타냅니다. 이것은 원이 완전(**perfect**)을 의미하는 데서 왔습니다.

Answers

① **glad**   ② **glad / happy** 등   ③ **pleased / delighted** 등   ④ **pleasant** (여기서는 pleasant이어야 의미가 통한다.)   ⑤ **glad / pleased / delighted** 등   * ④, ⑤ 이외는 glad / happy / pleased / delighted 어떤 것을 넣어도 좋다. 단, 친구 등에게 사용하는 일반적인 표현과 손윗사람에게 사용하는 보다 정중한 표현에는 위와 같은 답을 넣는다.

Unit 26

감동을 나타낼 때

살면서 칭찬한 보람을 느껴보지 않은 사람은 없을 것입니다. 칭찬은 고래도 춤추게 한다니 사회생활을 하면서 대인관계를 풍성하게 하는 데 이보다 더 좋은 무기(?)는 없을 듯! 단, 칭찬이 지나치면 아부가 되니까 그건 조심! 칭찬할 때는 **Good for you!**(잘 됐군요!) / **Wonderful!**(훌륭해요!) 등 우리말보다는 좀 과장한다는 느낌으로 풍부하게 하는 것이 좋습니다. 리액션이 얼마나 중요한지 알죠!

날마다 쓰는 베스트 기본문장 따라 읽기

Step 1 : 원어민 음성 무작정 듣기
step 2 : 크게 소리내어 따라 읽기
step 3 : 문장의 뜻 확인 하며 다시 읽기
step 4 : 혼자서 문장 읽어보기

176   훌륭해!

Wonderful!

177   멋지다!

How very nice!

178   예쁘다!

How lovely!

179   콘서트 멋졌어요!

What a lovely concert it was!

180   감사합니다. 저도 마음에 들어요.

Thank you. I like it, too.

181   잘 했어요!

You have done well.

182   그에게 큰 박수를 보냅시다.

Let's give him a big hand.

BASIC EXPRESSIONS

211

이것만은 꼭 알아두자!

~에 감동을 받다

be impressed with[by] ~

- **I was greatly impressed with the fire baller.**
  저 속구 투수의 투구에 매우 감동했습니다.

be impressed with[by] ~는 '~에 감동·감명을 받다'라는 의미로 자주 사용되는 표현입니다. **impress**는 사람과 사물이 항상 강렬하게 마음에 남아 있어서 인상 또는 감동을 준다는 것입니다. 수동태로 표현할 때가 많고 보통 '좋은 인상'을 받은 경우에 사용합니다. 매우 좋은 인상을 받았을 때는 **be favorably impressed ~**, 나쁜 인상을 받았을 때는 **be unfavorably impressed ~**를 씁니다. 구어에서는 **get to**를 즐겨 씁니다.

- **This play really gets to you.** 이 연극에 정말 감동할 거예요.

~에 동정하다

be moved ~

- **She seemed to be moved with compassion at the sight.**
  그 광경을 보고 그녀는 동정을 느끼는 것 같았습니다.

be moved ~는 '감동하다, 동정하다, 마음이 움직이다'라는 표현입니다. 글자대로 마음이 움직인다는(**move**) 넓은 의미로 쓰입니다. 단지 **I was moved.**라고 하지 않고 뒤에 반드시 '~에'라는 감동의 대상이 옵니다.

KNOW THIS!

~에 감동하다

be touched ~

- **I was deeply touched with the love story.**
  그 러브스토리에 매우 감동했습니다.

be touched ~는 '마음이 움직이다, 감동하다'의 의미입니다. 특히 '감동하다, 가슴이 뭉클하다'라는 경우에 자주 쓰입니다. 글자대로 가슴에 와 닿는다는 것입니다. 위의 **be moved** ~와는 달리 같은 감동이라도 마음에 가득 차 있는 것 같은 고요한 감동인 경우에 사용합니다.

 대화를 들어볼까요?

→ 미라와 잭은 콘서트에 다녀와서 커피숍에서 대화하고 있다.

Mira : That was a great concert.

You seemed really into* it.

Jack : Yeah, I loved the last song.

Mira : Me, too!

That acoustic sound really gets to me.

They're got some great melodies.

Jack : The lead singer has a great voice, it's very clear*.

Great music is one of the joys of life*, don't you think?

Mira : Absolutely*, yes.

Jack : They're a small band now, but they're headed* for the big time*, I'm telling you.

Mira : Yes, I think so, too.

(be) into ~에 관심을 갖고   clear 맑은   joy of life 인생의 즐거움
absolutely 전적으로, 완전히 (상대에게 찬성하는 표현)   head 향하다, 나가다
big time 일류, 최고 수준 〈구어〉

DIALOGUE

미라 : 멋진 콘서트였어요. 당신 매우 매료된 것 같았어요.
잭 : 예. 저는 마지막 곡이 마음에 들었어요.
미라 : 동감이에요. 어쿠스틱 사운드가 마음에 와 닿아요. 멜로디도 좋고요.
잭 : 리드싱어도 목소리가 매우 좋군요. 아주 맑아요. 멋진 음악은 인생의 즐거움의 하나에요. 그렇게 생각지 않아요?
미라 : 전적으로 동감이에요.
잭 : 지금은 무명이지만 틀림없이 세계적인 밴드가 될 거에요. 틀림없어요.
미라 : 예. 나도 그렇게 생각해요.

여러 가지 일에 감동했을 때 그것을 다른 사람에게 전달하고 싶지요. 그것이 커뮤니케이션의 목적이 기도 하니까 이제부터 자신 있게 표현해 보세요.

빈칸을 채워보세요

→ 당신은 결혼 피로연에 참석했다. 돌아오는 길에 친구와 결혼 피로연의 느낌에 대해 이야기한다.

1 신부의 의상은 매우 화려하고 아름다웠다. 빈 칸에 알맞은 말을 넣어보자.

당신 : I will never forget how pretty she looked in that gown.

신부의상을 입은 그녀의 아름다운 모습은 결코 잊을 수 없을 거야.

친구 : I was ① _____ with her gown, too.

나도 그녀의 의상에 정말로 감동받았어.

And the bridegroom was impressive, too.

신랑도 역시 인상적이었어.

2 신부에게서 온 감사 카드가 테이블 위에 놓여 있었다. 빈 칸에 알맞은 말을 넣어보자.

당신 : I was ② _____ with the message card from the bride, showing her gratitude to each of us.

신부에게서 온 감사 카드에도 정말로 감사의 마음이 들어 있어서 감동했어.

친구 : Me, too. I heard that she sat up all night yesterday to write out all the cards.

나도 그래. 들은 이야기인데 어제 밤을 새워서 썼다고 하더군.

EXERCISE

3 신부 아버지의 감사 인사에 감동했다. 빈 칸에 알맞은 말을 넣어보자.

당신 : The speech her father made was so touching that I was ③ _____ to tears.

신부 아버지의 말에도 눈물이 날 정도로 감동했어.

친구 : So was I. And you know what? The bridegroom was shedding tears, too.

나도 그랬어. 당신 알아요? 신랑도 눈물을 흘렸다는 걸.

COLUMN

★ 행운

(1) 손가락을 교차한다. – **having one's fingers crossed**

양손의 집게 손가락 가운데 손가락을 교차합니다. 원래는 재난을 피하고자 하는 주문이었으나 아이들이 장난을 할 때에 손이 상대에게 보이지 않도록 숨기고 등 뒤에서 이런 장난을 자주 합니다. 한 손으로 이런 표현을 하는 것도 신에게 기원한다는 의미를 나타냅니다.

(2) 나무 제품을 집게 손가락으로 테이블 등의 나무 제품을 가볍게 두드리는 제스처입니다. 이것은 화를 피할 수 있다는 예부터의 미신에 기초한 것입니다.

Answers

① **impressed** ② **touched / moved**
③ **moved** ("be easily moved to tears"는 '눈물을 잘 흘리다')

Unit 27

도움이나 부탁을 청할 때

도와달라고 부탁할 때도 미적거리지 말고 분명하게 의사 표시를 해야 합니다. 어차피 서양 사람들은 입장 표현을 확실하게 하기 때문에 우리처럼 마지못해 하거나 절대로 안 될 일을 할 수 없이 해주는 경우는 거의 없으므로 상대방의 입장을 고려하기 보다는 내가 뭘 원하는지에 집중할 필요가 있습니다. **Could you give me a hand?** 라고 분명하게 부탁하세요.

May I ask you a favor?

날마다 쓰는 베스트 기본문장 따라 읽기

Step 1 : 원어민 음성 무작정 듣기   **step 2** : 크게 소리내어 따라 읽기   **step 3** : 문장의 뜻 확인하며 다시 읽기   **step 4** : 혼자서 문장 읽어보기

183 부탁 좀 들어주시겠어요?

May I ask you a favor?

184 부탁할 게 있는데요.

I have a favor to ask you.

185 미안하지만, 도와주시겠어요?

Excuse me. Can you help me?

186 무엇을 도와드릴까요?

May I help you?

187 커피 두 잔 부탁해요.

Two coffees, please.

188 물론이죠.

Yes, of course.

189 미안하지만, 할 수 없겠는데요.

I'm sorry, but I can't help you.

이것만은 꼭 알아두자!

어렵습니다.

be in trouble

A: **I'm in trouble.** 골치 아픈 일이 있어요.
B: **What's wrong with you?** 무슨 일이죠?

be in trouble은 '문제·곤란한 일에 빠지다'라는 의미입니다. 원인을 첨가하는 경우에는 **with**를 붙입니다.

- **They are in trouble with the noise.** 그들은 소음에 곤란을 겪고 있다.

또한, problem을 이용한 곤란할 때의 표현을 몇 가지 알아둡시다.

- **There is a problem.** 어려운 일이 있습니다.
- **I have a problem.** 어려운 일이 있습니다.

There is a ~.와 I have a ~.는 거의 같은 의미로 사용할 수 있지만, **There is a ~.**가 거리를 두고 있는 느낌이 있습니다. trouble 만큼 크지 않은 어려운 점이 있는 경우에는 다음과 같이 말할 수도 있습니다.

- **I have something to ask of you.** 부탁할 게 있어요.

도와주시겠습니까?

Will you help me?

A: **Will you give me a hand?**
   도와주지 않겠습니까?
B: **No problem.**
   좋아요.

hand에는 '도움의 손'이라는 의미가 있으므로 **lend a hand**라고도 할 수 있습니다.

220

KNOW THIS!

또한 help나 favor를 사용한 표현도 알아둡시다.

- **Will you help me?** 　　　　　　　도와주시겠습니까?
- **May I ask a favor of you?** 　　　　부탁이 있습니다.
- **Will you do me a favor just this once?** 이번 한 번만 도와주시지 않겠습니까?

부탁드리겠습니다.

> **I'm begging you.**
>
> A : **Anyhow, this schedule is impossible.**
> 　　이 계획은 도저히 불가능합니다.
>
> B : **Don't say that. I'm begging you.**
> 　　그런 말씀 마세요. 부탁하겠습니다.

beg는 '빌다'라는 의미입니다. I beg you.라고도 할 수 있지만 현재진행형을 쓰는 것이 보다 생생한 느낌이 있습니다. 부탁하는 표현의 예를 몇 개 들어봅시다.

- **I hope you can do something to help me out.**
  당신이 도와주시길 바랍니다.
- **I'm sorry to trouble you.**
  폐를 끼쳐서 죄송합니다.

대화를 들어볼까요?

→ 미라가 컴퓨터를 잘 아는 잭과 이야기하고 있다.

Mira : I'm in trouble, Jack.

Jack : What's wrong?

Mira : My word processor is broken. I can't read my USB.

I wrote more than ten pages.

Now I have to do the whole thing over again.

Jack : Now, that is a problem.

Mira : Can't you do something to help me?

Jack : Do you have the USB?

Mira : Here it is.

Jack : Maybe my PC can read this.

Mira : I'm begging you.

(다행히 미라의 USB를 잭의 컴퓨터가 읽었다.)

Jack : It worked!

Leave it to you. 당신에게 맡겨서 잘 됐다.　**life-saver** (구명동의에서) 생명의 은인, 구세주
whizz 천재, 달인 (whiz라고도 쓴다.) 〈구어〉

✓ 1 2 3 **DIALOGUE**

Mira : **Leave it to you*! You're a life-saver*! Thanks a lot.**

Jack : **Not at all. Any time.**

Mira : **You're a real computer whizz*!**

Jack : **Sure I am, ask me anything.**

미라 : 잭, 골치 아픈 일이 있어요.
잭 : 무슨 일이에요?
미라 : 컴퓨터가 고장이에요. USB를 인식하지 못해요. 10쪽 이상이나 쳤는데요. 전부 다시 쳐야 해요.
잭 : 문제군요.
미라 : 어떻게든 좀 도와주지 않겠어요?
잭 : 그 USB 가지고 있어요?
미라 : 예, 여기 있어요.
잭 : 아마 내 PC가 읽을 수 있을지 몰라요.
미라 : 부탁이에요!

(다행히 미라의 USB를 잭의 컴퓨터가 읽었다.)

잭 : 됐어요!
미라 : 역시! 구세주예요. 고마워요.
잭 : 아무 것도 아니에요. 언제라도 부탁해요.
미라 : 당신은 정말로 컴퓨터 천재예요.
잭 : 그래요. 어떤 거라도 물어봐요.

어려울 때는 다른 사람의 도움을 받아야 하지요. 곤란한 상황을 정확히 전달해서 도움을 받으려면 의뢰하는 표현이 매우 도움이 됩니다.

빈칸을 채워보세요

→ 당신은 이사를 하고 있다. 친구가 도와주고 있다.

1 친구에게 부탁해서 무거운 짐을 운반해보자.

당신 : **Will you please ① _____ me out?**
좀 도와주겠니?

I cannot carry this desk by myself.
이 책상을 혼자서는 나를 수 없어.

친구 : **Oh, sure.**
오, 그래.

2 TV와 비디오를 좀처럼 연결할 수 없다.

당신 : **May I ask you ② _____ ?**
부탁 좀 해도 될까?

I have a problem in connecting the VCR and the TV.
VCR과 TV를 연결할 수 없어.

친구 : **All right.**
좋아.

3 이사가 끝나고 식사 준비를 하는데 젓가락이 없다.

당신 : **Will you do me a big favor?**
어려운 부탁이 있어.

EXERCISE

I'm ③ _____ you to go and get some chopsticks, please.

젓가락을 사다주겠어?

친구 : **O.K, but this is the last one today.**

좋아. 그런데 이게 오늘 마지막으로 들어주는 거야.

COLUMN

★ 기쁨을 나타내는 행동

영화 등의 기뻐하고 있는 장면에서는 영어권 특유의 행동을 볼 수 있습니다. 여기에서는 그 중 몇 가지를 열거해봅시다.

(1) 발을 구른다. – **stamping one's feet**

수업이 자습으로 되어서 학생들 전원이 발을 구르는 장면을 때때로 볼 수 있습니다.

(2) 모자를 벗어 위로 던진다. – **throwing up one's hat**

우리나라 일부 대학의 졸업식에서도 이것이 예식으로 되어 있습니다.

★ 웃음 표현의 종류

영어의 '웃다'는 크게 나누어 두 가지가 있습니다. 하나는 **laugh**인데 소리를 내서 유쾌하게 웃는 것입니다. 또 하나는 소리를 내지 않는 미소 **smile**입니다. 이 두 가지의 사용이 한국인은 혼동하기 쉽습니다. **We laughed at him.** '그를 조소[냉소]했다.'라고 되어 반대의 의미를 나타내게 되어 당사자를 분개시킵니다. 한편 **We laughed at your joke.**라고 하면 '당신의 조크는 웃긴다.'라는 의미로 조크가 재미있었다는 의미가 됩니다. 또한 **She smiled at me.**는 호의의 미소를 했다는 의미로도 냉소했다는 의미로도 됩니다. 이것은 문장의 전후 관계로 판단해야 합니다.

Answers

① **help** (by myself 스스로, 혼자서)   ② **a favor / something**   ③ **begging**

Unit 28

근심이나 걱정을 나타낼 때

근심 걱정은 겉으로 드러나 보이기 마련입니다. 명랑하던 사람이 갑자기 말이 없어지거나 얼굴에 그림자가 드리워져 있다면 **What's your worry?**(무슨 걱정 있어요?)라고 진지하게 물어보세요. 진심은 통하는 법이라 했으니 상대는 그것만으로도 위로를 받을 것입니다. **Don't worry. Everything will be all right.**(걱정 마세요. 다 잘 될 거예요.)라고 어깨를 토닥여주면 감동은 두 배!

날마다 쓰는 베스트 기본문장 따라 읽기

Step 1 : 원어민 음성 무작정 듣기
step 2 : 크게 소리내어 따라 읽기
step 3 : 문장의 뜻 확인하며 다시 읽기
step 4 : 혼자서 문장 읽어보기

190 유감이군요.

That's too bad.

191 딱하게 됐군요.

What a pity!

192 정말 슬픈 일이군요.

What a sad thing!

193 운이 없(었)군요.

Oh, what hard luck!

194 기분은 잘 알아요.

I know how you feel.

195 기운 내세요.

Cheer up!

196 걱정 마세요.

Don't worry!

이것만은 꼭 알아두자!

유감이군요.

That's too bad.

A: **I have a tight schedule.**
일정이 빡빡해요.

B: **That's too bad.**
안됐군요.

bad에는 여러 가지 의미가 있지만 '안타깝게 생각하다, 유감스럽게 생각하다'로도 자주 사용됩니다. 이런 경우에는 feel ~ about이라는 용법으로 자주 쓰입니다.

- **I feel bad about your failure.**   당신의 실패를 안타깝게 생각해요.

bad 외에 sorry도 자주 사용됩니다. 이 경우에는 for나 to부정사, that을 수반하는 용법으로 쓰입니다.

- **I'm sorry about[for] it.**   그건 유감스럽군요.
- **I'm sorry to leave my dog.**   개를 두고 떠나는 것이 유감입니다.
- **I'm sorry (that) I haven't been available.**
  도움이 되지 못해서 유감입니다.

걱정 말아요.

Don't worry.

- **Don't worry. Everything is fine.**
  걱정 말아요. 잘 될 거예요.

- **There is nothing to worry about.**
  걱정할 것 없어요.

- **I'm worried just about your health.**
  당신의 건강만이 걱정이에요.

KNOW THIS!

이와 같이 '걱정, 불안'의 대표적인 표현이 **worry**입니다. 자동사, 타동사로도 쓰이지만 상태를 나타내는 경우에는 **be worried**를 씁니다. 이외에 '걱정, 불안'을 나타내는 말에 **concerned, anxious** 등이 있습니다.

- **I'm very concerned for the job interview.**
  취직 면접시험이 매우 걱정입니다.
- **I'm anxious about the result of the exam.**
  시험 결과가 걱정입니다.

매우 섭섭하게 되었군요.

I'll miss you very much.

A: **I'm leaving tonight.**   오늘 밤에 떠나게 되었어요.
B: **Oh, I'll miss you very much.**   매우 섭섭하게 되었군요.

miss는 타동사 '~가 없어서 섭섭하게 생각하다'라는 의미에서 '쓸쓸하게 되다'라는 표현으로 자주 사용됩니다.

- **I'll miss you when you are gone.**   당신이 가버리면 보고 싶어질 거에요.
- **I'm gonna[going to] miss you.**   당신이 그리워질 거에요.
- **I missed you today.**   오늘은 당신이 없어서 섭섭했어요.
- **I'm sorry I missed you.**   당신이 없어서 섭섭했어요.

이 **miss**에는 '뭔가가 없어졌음을 알아채다'라는 의미도 있습니다.

- **I missed a book from the library.**   도서관에서 책 한 권이 없어진 것을 알았다.

대화를 들어볼까요?

→ 잭이 한국 체재를 마치고 귀국하는 날이 되었다.

Jack : Thank you for seeing me off*.

Mira : Not at all, Jack.

It's too bad you can't stay longer.

I really enjoyed your visit.

Jack : Well, I've had a great time*.

Mira : I wish we could've climbed Mt. Hanla.

It's too bad we couldn't.

We'll … miss you.

Jack : I'll miss you, too.

Mira : Well, have a nice trip, and best wishes to your family.

Take care of yourself.

see off (사람을) 배웅하다　**have a great[good] time** 즐거운 시간을 보내다
write 편지를 쓰다 (이와 같은 경우에는 write a letter라고 하지 않아도 된다.)

✓ 1 2 3 **DIALOGUE**

Jack : **Thank you, I will.**

I'll write* soon. Good-bye.

Mira : **Bye! I hope we meet again soon.**

잭 : 배웅 나와 주어서 고마워요.
미라 : 천만에요, 잭. 더 오래 머물 수 없어서 섭섭해요.
　　　찾아와 주어서 정말 기뻤어요.
잭 : 매우 멋진 시간을 보냈어요.
미라 : 한라산을 올라봤어야 하는 건데. 그것이 후회가 돼요.
　　　당신이 그리울 거예요.
잭 : 나도 그래요.
미라 : 그럼, 좋은 여행을 하고 가족에게도 안부 전해줘요. 몸조심해요.
잭 : 고마워요. 곧 편지할게요. 잘 있어요.
미라 : 잘 가요. 그럼, 다시 만나길 기대해요.

Tip

여기에 있는 표현들은 헤어질 때의 '섭섭하다, 그립다'라는 표현입니다.

빈칸을 채워보세요

→ 당신은 졸업식을 앞두고 학교생활에 대한 아쉬움이 가득하다.

1 매우 좋아하는 친구와 헤어져야 한다.

당신 : I think I am going to ① _____ you and the rest of the class very much.

너와 반 친구들 모두를 그리워할 것 같아.

친구 : Me, too.

나도 그래.

2 자유로웠던 학교생활을 마쳐야 하는 것이 아쉽다.

당신 : I am really ② _____ that I have to leave the school.

학교생활을 마쳐야 한다는 게 정말 섭섭해.

친구 : I feel just the same.

나도 똑 같은 생각이야.

3 아침잠이 많은 당신은 회사 출근이 불안하다.

당신 : I have to get up at six every morning from April.

4월부터는 매일 6시에 일어나야 해.

I'm very, very ③ _____ that.

그것이 매우 걱정이야.

EXERCISE

친구 : **Don't worry too much.**

그렇게 걱정하지 마.

You will get used to it in three months.

석 달 정도 지나면 익숙해질 거야.

C O L U M N

★ 표정을 나타내는 표현

우리말에 '얼굴을 찌푸리다, 오만상을 찌푸리다'라는 감정을 나타내는 표정 표현이 있는 것처럼 영어에도 이와 유사한 표현이 있습니다.

(1) 실망·절망 표정 – **drawing a long face** 또는 **pulling a long face**

직역하면 '얼굴을 쭉 늘이다'이지만 영어에서는 이것이 '실망, 절망, 우울한 얼굴'을 의미합니다. 이것은 풀이 죽으면 입 양쪽과 눈이 처져서 길게 보인다고 하는 데서 나온 표현입니다.

(2) 우울한 얼굴 – **look blue**

blue에는 '우울, 비관, 음울'이라는 이미지가 있으며, **look blue**로 '몸이 좋지 않은'이라는 의미도 있습니다.

(3) 얼굴이 붉어지다 – **become[turn] red**

화가 났을 때 창피를 당했을 때 얼굴이 붉어지는 것은 우리나라도 같습니다.

(4) 눈썹을 찡그리다 – **knit one's brows**

우리말에도 비슷한 표현이 있습니다. 상대를 경멸한다는 의미로 눈썹을 찌푸리는 경우에는 **raise one's brows**라고 합니다. 이것은 화가 나면 눈썹이 한자 팔자 모양 (八)으로 되는 것에서 나온 말입니다.

Answers

① **miss**　② **sorry**　③ **worried about / afraid of** 등

MEMO